돌탕집탕

돌탕집탕

지은이 | 김양재

초판 발행 | 2019. 4. 17

6쇄 발행 | 2019. 8. 14

등록번호 | 제1988-000080호

등록된 곳 | 서울특별시 용산구 서빙고로65길 38

발행처 | 사단법인 두란노서원

영업부 | 2078-3333 FAX | 080-749-3705

출판부 | 2078-3332

책값은 뒤표지에 있습니다.
ISBN 978-89-531-3420-1 03230

독자의 의견을 기다립니다.
tpress@duranno.com   www.duranno.com

언제나 돌아갈 수 있는 아버지 품

The Prodigal Sons

돌 탕 집 탕

김양재 지음

두란노

3장 ◇ 아버지 품으로

프롤로그

　누가복음 14장에는 어떤 사람이 잔치를 베풀고 사람들을 초대하는 이야기가 나옵니다. 그가 잔치에 청한 1차 대상은 밭 사고, 소 사고, 장가든 사람이었습니다. 우리는 우리 눈에 편안하고 행복해 보이는 사람을 먼저 청합니다. 그러나 날마다 말씀의 잔치를 베풀고 청해도 그들과 비슷한 유대인, 서기관, 바리새인들은 한결같이 사양하면서 이유가 많습니다. 그들이 사양하니까 집주인은 갑작스럽게 종에게 밖으로 나가서 가난한 자들과 몸 불편한 자들과 맹인들과 저는 자들을 데려오라고 합니다. 그들은 청하자마자 달려왔습니다.

　이처럼 복음에는 차별이 없습니다. 하지만 먹을 것이 조금만 있으면 이렇게 한결같이 사양을 하기 때문에,

하나님은 환경을 통해서 어쩔 수 없이 하나님께 매달리게 하시고 부르십니다.

누가복음 14장의 잔치 초청 이야기가 끝나면, 15장에서 '돌아온 탕자' 이야기가 시작됩니다. 성경을 잘 모르는 사람이라도 돌아온 탕자 이야기는 들어봤을 것입니다. 그런데 성경을 잘 읽어 보면 두 명의 탕자가 있음을 알 수 있습니다. 바로 '돌아온 탕자'와 '집에 있는 탕자'입니다. 저는 이들을 '돌탕' '집탕'이라고 줄여서 부르려 합니다. 이 책의 제목이 '돌탕집탕'이라니까 '돌탕'이 삼계탕인가, 오골계탕인가 하는 분이 있을지 모르겠습니다만 누가복음 15장의 두 아들 이야기는 '누가 초청을 받아들이는 진정한 의인인가?'라는 시각에서 다시 볼 필요가 있습니다.

이 이야기의 주인공이 아무래도 돌아온 탕자인지라 우리의 관심도 대부분 '돌아온 탕자'에만 집중되어 있지만, 동생이 가출을 해도 찾으려 하지 않고, 망해서 돌아와도 반기는 마음이 전혀 없는 '집에 있는 탕자'야말로 우리가 잃어버린 한 마리 양이고, 한 드라크마이자, 한 영혼입니다.

주님은 100마리 양 중에서 잃은 양 한 마리를 귀하게 보시고, 열 드라크마 중에 잃어버린 한 드라크마에 관심이 있으시며, 잃어버린 아들을 반기십니다. 하나님 입장에서 보면 돌탕이나 집탕이나 다 '내 새끼'입니다. 어느 하나도 소중하지 않은 자식이 없습니다. 부디 여러분도 이 책을 통해 한 영혼을 찾기 원하시는 하나님의 마음을 알게 되기를 바랍니다.

2019년 4월

김양재

1장

돌아온 탕자,
돌탕

◆

내 인생은

나의 것?

————

————

The Prodigal Sons

한때 우리들교회 건물 외벽에는 '집으로'라는 문구의 현수막이 걸려 있었습니다. 영육 간에 집 나간 식구들이 많기 때문에 안타까워서 붙인 표어입니다. 하나님께서 우리를 창조하시고 범죄한 우리를 출애굽 사건을 통해서 구원하시고, 힘든 영적 전쟁을 치러 가며 드디어 젖과 꿀이 흐르는 가나안 땅에 들어가게 하셨는데, 거기에서도 우상숭배를 하며 하나님의 명령을 어기고 또 어깁니다. 하나님은 오직 예수 그리스도만을 통해서 알 수 있는데 자꾸 다른 길이 있다고 생각하고 또 찾아 나섭니다. 그럼에도 불구하고 끝까지 붙잡고 가시려는 주님의 외침이 들려서 영의 집인 예수님께로, 또 육의 집인 가정으로 돌아오면 좋겠습니다.

잃어버린 아들을 되찾는 '돌아온 탕자' 이야기는 성경을 잘 모르거나 교회를 다니지 않는 사람이라도 그리 생소하지 않을 만큼 잘 알려져 있습니다.

11 또 이르시되 어떤 사람에게 두 아들이 있는데

12 그 둘째가 아버지에게 말하되 아버지여 재산 중에
서 내게 돌아올 분깃을 내게 주소서 하는지라 아버
지가 그 살림을 각각 나눠 주었더니

13 그 후 며칠이 안 되어 둘째 아들이 재물을 다 모아
가지고 먼 나라에 가 거기서 허랑방탕하여 그 재산
을 낭비하더니

어떤 사람에게 두 아들이 있습니다. 그런데 어
느 날 둘째 아들이 아버지에게 자신이 훗날 받을 재
산을 미리 나눠 달라고 졸랐습니다.

둘째 아들은 아버지가 계신 집 안에 갇혀 사는
것보다 다른 곳으로 나가면 더 큰 세상이 펼쳐지리라
고 믿었습니다. 아버지를 떠나 자기 뜻을 펼치며 마
음대로 살아 보는 것이 소원이었습니다. 그래서 틈만

나면 나름대로 계획을 세웠습니다. 그런데 멀쩡히 살아 계시니 그 아버지만 보면 짜증이 나고 숨이 막혔을 것입니다. 그에게 아버지는 어서 빨리 돌아가셔야 하는 존재였을 것입니다. 그런 그에게 아버지의 걱정 어린 말들이 들릴 리가 없습니다.

당시 상속 절차에 따르면, 둘째 아들은 3분의 1을 받고 큰아들은 3분의 2를 받게 되어 있습니다. 그런데 아버지가 살아 있을 때 상속을 받게 되면 다시 그중 3분의 1만 받을 수 있습니다. 그리고 아버지가 유산을 물려주었다고 해도 아버지가 살아 있는 동안에는 자식이 유산에 대한 소유권만 가질 뿐 처분권은 가지고 있지 않았습니다. 그러니까 둘째 아들은 유산의 총 9분의 1밖에 못 받는데도, 더구나 유산의 처분권도 없는데도, 아버지에게 유산을 달라고 억지를 부린 것입니다. 그는 자신의 주제도 모르고 당연한 듯이 요구했습니다.

"돌아가시면 어차피 자식들에게 물려주실 재산인데, 제 몫은 미리 좀 주세요."

지금도 별반 다를 바 없지만, 당시 엄격한 사회 관습으로도 살아 있는 아버지에게 자식들이 유산을 요구하는 것은 도덕적으로 용납되기 어려운, 지극히 무례한 태도였습니다. 멀쩡하게 살아 계신 아버지를 돌아가신 분으로 취급하는 불손한 행동인 것이지요. 아버지의 권위를 철저히 짓밟고, 집안의 명예를 더럽힌 이런 자식은 단지 한 집안의 문제가 아니라 마을 어른들이 함께 치리해야 할 공동체의 문제였습니다. 마을 사람들로부터 뺨을 맞는 등 체벌을 받는다든지, 집안에서 쫓겨난다든지, 더 극단적인 경우에는 집안에서 아들이 죽은 것으로 여기고 장례식을 치를 수도 있었습니다.

그러나 아버지는 두말 않고 아들에게 유산을 물려주었습니다. 자신에게 수치를 안겨 준 아들에 대해 일절 응징하지 않고, 아들의 요구에 순순히 응한 것입니다.

둘째 아들이 재물을 다 모아서 갔다는 것을 보면 아마도 물려받은 땅까지도 싹 팔아 치운 것 같습니다. 아예 고향으로 다시 돌아올 생각이 없었던 것이죠. 부모고 형제고 고향이고 다 싫었던 것입니다. 그리고 '먼 나라'로 갔다고 합니다. 그에게 무슨 상처가 있었던 건지 가족과 연을 다 끊어 버리고자 작심을 했던 모양입니다.

이렇게 둘째 아들은 자기의 소견에 옳은 대로 행했습니다. 하나님의 부르심에 응답하여 집을 나선 것도 아닙니다. 그런 그에게 무슨 선한 것이 있겠습니까? 재물에 대한 성경적인 가치관도 없었을 것입니다. 게다가 그렇게 무리하게 재물을 요구한 탕자의 마음속에는 근본적으로 열등감의 문제가 있던 게 아닐까 싶습니다.

열등감이 심한 사람은 자기를 치장할 거리가 돈밖에는 없기에 오직 돈만 중요시하고, 돈으로 해결하고, 돈을 자랑합니다. 이 시대는 돈에 울고 돈에 웃는 시대입니다. 가정도, 사회도, 정치도, 심지어는 신앙마저도 돈이면 된다고 생각합니다. 하나님과는 관계가 하나도 없습니다.

유다의 성군을 꼽자면 히스기야가 있습니다. 그는 바알 신앙으로 얼룩진 유다를 개혁하고 기복주의의 산당을 다 헐었습니다. 그런데 그의 아들 므낫세는 왕이 되자 바로 산당부터 다시 세웠습니다. 믿음하고는 상관도 없는 북이스라엘의 아합의 행위를 따라서 바알을 숭배했습니다. 왜 그랬을까요? 돈이 좋아서입니다. 아버지의 신앙을 철저히 배신하고, 풍요의 신 바알을 섬기면서 자신의 자녀들까지도 우상의 제물로 불살랐습니다. 기가 막히지 않습니까? 우리의 모든 갈등의 배후에는 항상 돈이 있습니다.

그런데 역대하 33장 12절에 이 죄 많은 므낫세가 환난을 당해 쇠사슬로 결박돼 끌려가게 되자 하나님 앞에 겸손하게 기도했다고 기록되어 있습니다. 므낫세가 왕의 자리에 있을 때는 돈 좋아하고 자녀를 우상 삼고 온갖 죄 다 짓고 살다가, 포로 신세가 되어 잡혀가니 '그제야' 여호와께서 하나님이신 줄을 알았더라는 것입니다. 육이 무너져야 영이 세워진다는 말씀은 그래서 진리입니다.

둘째 아들 또한 처음에는 많은 돈 때문에 인생이 확 풀리는 줄 알았을 것입니다. 그러나 몇 대를 이어 쌓아 온 재산도 말아먹는 것은 순식간입니다. 둘째 아들 역시 얼마 못 가 그 재산을 다 날려 버리고 말았습니다. 허랑방탕으로 줄달음치다가 쫄딱 망한 후 "돼지 먹는 쥐엄 열매로 배를 채우고자 하되 주는 자가 없었다"(16절)는 걸 보면 그는 결국 돈도 잃고 사람도 잃었던 것 같습니다.

　　우리들교회의 한 새가족의 간증입니다. 이 집
사님은 1남 3녀의 가정환경에서 오빠와 동생들보
다 인정받고 싶었지만 어려서부터 늘 꾸중을 들었
고, 사랑받지 못한다는 열등감이 많았다고 합니다.
돈으로 채워지지 않는 인정에 대한 욕망으로 태국에
서 남편을 만나 결혼했지만, 그 남편에게 인정받기
위해 사업자금을 대다 망하니 이혼하게 되었습니다.
17년 연상인 유부남과 10년간의 동거생활로도 마음
의 공허함과 외로움이 채워지지 않았고, 우울증으로
투신자살을 시도했습니다. 주님이 극적으로 살려 주
셨지만 건강과 자신감을 모두 잃게 되는 상황이 온
것입니다. 탕자처럼 모든 것을 잃었습니다.
　　결국 집사님은 교회에 오게 되었고, 목마름을
채우기 위해 선택했던 남편들 대신 예수님을 진정한

신랑으로 만나게 되었습니다. 예수님을 인격적으로 만난 집사님은 45년이라는 긴 시간을 하나님이 한없이 기다리시고 때로는 내버려 두시며 양육해 가셨다고 고백했습니다. 그 과정이 힘들고 괴로웠지만, 그것은 누구의 탓도 아닌 자신의 삶의 결론이었다고 회개와 감사의 눈물을 흘렸습니다.

하나님은 때로 우리를 상실한 마음대로 내버려 두십니다(롬 1:28). 때로 우리가 합당하지 못한 일을 하여도 그대로 내버려 두십니다. '탕자의 삶'을 살아도 결국엔 돌아올 것을 알고 계시기 때문입니다. 탕자의 아버지 역시 그랬을 것입니다. 집을 나가고, 자기 소견대로 살고, 재산을 다 말아먹어도 결국엔 아버지 품으로 돌아올 것을 알았습니다. 그럼에도 굳이 재물을 낭비하는 값을 치르면서까지 아버지의 사랑을 보인 것입니다.

내 마음 들여다보기

Q. 신앙도, 가족도 다 끊고 내 뜻대로 하고 싶은 강한 욕망이 있다면 그것은 무엇입니까?

Q. 그 욕심 때문에 허랑방탕할 수밖에 없었던 사연이 있습니까?

Q. 그 사연이 누구의 탓도 아닌 무분별한 내 삶의 결론임을 깨닫고 있습니까?

◆

다

없애기까지

The Prodigal Sons

다 없앤 후 그 나라에 크게 흉년이 들어 그가 비로소
궁핍한지라

재산을 '다 없앤 후' 그 나라에 흉년이 들었다
고 합니다. 이것은 우연이 아닙니다. 허랑방탕 재산
을 다 날려도 그의 마음이 별로 돌이킴이 없었기에
결정적으로, '나라님도 구제 못 한다'는 흉년이 든 것
입니다. 하나님의 징벌이 내려진 것입니다.

하나님은 우리 눈에 기뻐하는 것을 쳐서 빼앗
아 가기도 하십니다. 실제로 저는 영육 간에 기뻐하
는 것을 쳐서 빼앗으시는 것을 시기마다 경험했습니
다. 학생의 때, 며느리의 때, 아내의 때…. 일단은 제
가 어렸을 때부터 힘들었으니까 누리는 것을 많이 빼
앗으셨고, 또 제가 애써서 쌓아 놓은 모든 학벌, 경력
도 다 빼앗으셨으며 하루아침에 남편까지 빼앗으셨

습니다. 그러나 학벌, 경력, 제가 기뻐하는 것을 하나씩 빼앗지 않으셨다면 저는 지금처럼 살 수 없었다고 생각합니다.

지금 우리 집은 어떤 흉년이 들었습니까? 이것이 징벌임을 알아야 합니다. 그리고 이 궁핍의 징벌 앞에서 하나님께 감사해야 합니다. 아버지로서는 아들이 궁핍해져야 비로소 돌아올 것을 알았기 때문에 그런 징벌을 내린 것입니다. 궁핍이야말로 인생 최고의 선물입니다. 눈물 젖은 빵을 먹어 보지 않고는 인생을 논할 수가 없습니다.

그런데 나 하나 망하면 되지, 나라 전체에 흉년까지 내리는 이유는 무엇입니까? 나의 잘못된 결정 때문에 그 나라까지 흉년이 들 수 있음을 깨달아야 합니다.

룻기에서도 흉년을 만난 나오미 가족의 이야기가 나옵니다. 사사들이 치리하던 때 흉년이 들었다고 합니다(룻 1:1). 이 사사 시대의 특징은 왕이 없었기에 사람들이 각기 '자기 소견에 옳은 대로' 행했다(삿 21:25)는 것입니다. 누가복음 15장의 둘째 아들도 '자기 소견에 옳은 대로' 아버지 곁을 떠나 흥청망청 살아 보겠다며 타국으로 갔다가 거기서 흉년을 만났습니다. 우리 인생에도 육적, 정신적, 영적 흉년이 찾아옵니다. 그중에서도 영적인 흉년보다 무서운 것이 없습니다. 물질을 잃고, 사람이 다 떠나는 황폐함을 겪어도 하나님을 떠나는 것만큼 큰 흉년은 없습니다.

룻기의 나오미 일가는 흉년을 피하기 위해 모압 족속의 땅으로 갔다고 합니다. '찬송의 떡집'인 유다 베들레헴 땅에서, 아브라함의 조카 롯이 자기 딸들과 동침해 낳은 자식의 자손들이 사는 땅으로 간 것입니다. 그 땅은 "영원히 여호와의 총회에 들어오지 못하리라"(신 23:3)는 저주를 받은 자들의 땅입니다. 그런 저주의 땅, 예수님과 전혀 상관없는 그곳에서 잘 먹고 잘살겠다고 이민을 간 것입니다. 이렇게 인생의 흉년이 오면 내 수준이 드러나게 마련입니다.

눅 15:15-16

15 가서 그 나라 백성 중 한 사람에게 붙여 사니 그가 그를 들로 보내어 돼지를 치게 하였는데

16 그가 돼지 먹는 쥐엄 열매로 배를 채우고자 하되 주는 자가 없는지라

아마도 이 궁핍함은 둘째 아들이 생전 처음으로 경험해 보는 것이었겠지요. 그러나 궁핍해지는 것만으로는 아버지에게 돌아갈 마음이 들지 않았습니다. 돼지 치는 신분으로까지 내려갔습니다. 그러나 그것으로도 부족했습니다. 돼지가 먹는 쥐엄 열매로 배를 채우고자 했습니다. 거기서도 더 낮아져야 했습니다. 완전히 궁핍해져서 쥐엄 열매마저도 없어서 못

먹게 되는 데까지 내려가야 했습니다.

여러분은 쥐엄 열매도 없어서 못 먹게 되는 고난을 경험해 본 적이 있습니까? 우리들교회의 새가족 분의 간증입니다. 이 집사님은 오랫동안 성당에 다녔지만 무신론자로 살았다고 합니다. 이 집사님이 얼마나 예민하고 성격이 불같은지, 같이 사는 아내는 스트레스로 만성 두통과 호흡곤란에 시달렸답니다. 죽을 듯한 고통과 공포로 떨고 있는 아내를 보면서도 집사님은 미안해하기는커녕 "도대체 왜 자꾸 이런 일이 생기는 거야?" 하며 원망하고 짜증을 부렸다고 합니다.

아내가 스트레스로 응급실에 실려 가는 상황이 되어서도 이 집사님은 회개하거나 자기 자신을 돌아보지 못했습니다. 그런데 네 살짜리 아이가 이유 없이 가슴이 아프다고 울며 가슴이 빨갛게 될 때까지 쥐어뜯어서 대학병원 응급실을 수차례 오가게 되었습니다. 그럴 때마다 병원에서는 아무런 육체적인 이상 징후가 없다고만 하더랍니다. 네 살짜리 아이가 1분 전에 깨끗이 씻은 손을 미끄럽고 지저분하다면서 또 씻겨 달라고 울며 짜증내는 것을 상상해 보세요. 집사님의 속은 까맣게 타들어 갔습니다. 결국은 심리적인 요인 때문이라는 이야기를 듣고 유아 심리상담 전문가와 상담을 진행했고, 아내는 자책감으로 심하게 괴로워했습니다.

아이와 아내가 동시에 고통을 호소하며 힘들어하는, 쥐엄 열매마저도 없어서 못 먹을 것 같은 이런 상황에 몰려서야, 집사님은 교회에 나와 말씀을 듣게 되었습니다. 가정에서 아내와 남편의 의무와 책임이 무엇인지, 인생의 목적이 행복이 아니라 거룩이라는 메시지를 들으며, 집사님은 그간 체휼하지 못했던 아내의 손을 잡아 주고, 아내를 진심으로 위로하게 되었습니다. 비록 자신도 공황장애 진단을 받았지만 집사님은 가족상담을 통해 그간 회피하고 싶던 아내의 성장기 아픔을 이해하게 되었고, 그런 아내를 위해 간절하게 기도하게 되었습니다.

사실 우리는 자식을, 가족을 도와주는 것이 무엇인지 잘 모릅니다. 돈으로 도와주는 것이 과연 진짜로 돕는 것일까요? 모든 것이 부요하고 길이 많아서 예수님을 만나지 못하는 사람들이 얼마나 많은데, 쥐엄 열매마저 먹지 못할 몸과 마음의 고난으로라도 예수님을 만나게 되는 것은 변장된 축복이 아니겠습니까?

돈 문제로 부도가 났을 때 책임을 지고 감옥에 가면 비로소 사람이 되는 것을 우리들교회에서 종종 보았습니다. 언젠가 돈 문제로 정말 죽겠다며 교회에 찾아오신 분께, 죽지 말고 감옥에 다녀오시라고 말씀드린 적이 있습니다. 그런데 연민 때문에 돈으로 자꾸 도와주면 한 사람만 망할 것을 열 사람, 스무 사람, 백 사람이 망합니다. 더 이상 내려갈 곳이 없어야 올라올 일도 있습니다. 만약에 전 재산을 허비해야 구원을 받을 수 있다면, 여러분은 그 편을 택할 수 있겠습니까?

둘째 아들이 쥐엄 열매로도 배불리지 못하는 참담한 현실은, 패기롭게 유산을 받아 집을 나올 때는 전혀 기대하지 못한 일이었을 겁니다. 그러나 이 아들은 이 상황까지 가서야 비로소 아버지에게 돌아갈 마음을 굳힙니다. 그렇기에 이 쥐엄 열매도 없어서 못 먹는 힘든 상황은 변장된 축복인 것입니다.

예수님을 만나는 사건

—— 요한복음 20장에 보면, 예수님이 십자가에서 돌아가신 후, 안식 후 첫날에 막달라 마리아가 예수

님의 무덤을 찾아갑니다. 인간의 고정관념이 얼마나 굳건한지, 시체에 바를 향품을 가져갔던 마리아는 예수님의 시체가 없어졌다고 통곡을 합니다. 예수님이 생전에 말씀하신 대로 죽음에서 부활해 다시 살아나셨는데, 그 생각은 못 하고 그저 시체 사라진 것만 슬퍼서 견딜 수 없는 것이죠.

지금 마리아가 울고 있는 이 상황은 바로 부활의 주님을 만날 가장 좋은 때이자 변장된 축복인데, 마리아가 그것을 깨닫지 못합니다. 결국 부활의 주님이 마리아 앞에 직접 나타나셨지만, 그때도 마리아는 주님을 알아보지 못하고 예수님이 동산지기인 줄 알았습니다. 그 이유는 기대하지 않은 장소에서 기대하지 않은 사람과 사건을 만났기 때문입니다.

마찬가지로 우리의 괴롭고 힘든 사건도 사실은 부활의 예수님을 만나는 사건입니다. 방구석에 틀어박혀 등교도 거부하는 무기력한 자녀를 보며, 그간 내가 자녀를 얼마나 내 욕심으로 들들 볶았는지를 회개하는 부모님들이 많습니다. 내가 기대한 모습은 좋은 대학, 좋은 직장, 좋은 혼처를 만나 성공한 자녀의 모습인데, 초라한 동산지기 같은 모습으로 자녀가 고꾸라져 있습니다.

그러나 그 자녀 때문에 내가 내 교만과 자기 소견대로 행한 것을 회개한다면, 이것이 부활의 예수님을 만나는 사건입니다. 모든 것이 없어져서야 우리는 비로소 마음이 낮아지고, 부유할 때는 그립지도 사무치지도 않던 아버지의 품을 그리워하게 됩니다.

목장 나눔에서 읽은 간증입니다. 이 집사님의 주특기는 술과 담배, 음란이었답니다. 그런데 그것이 죄인 줄도 모르고 아내에게 "내가 너한테 얼마나 잘해 주는데!" 하며 생색을 냈다고 합니다. 그런 이 집사님에게 하나님은 술을 끊으라고 당뇨라는 병을 주셨습니다. 그것이 아버지 품으로 돌아오라고 하시는 사건임을 깨닫지 못하고 자기 힘으로 당뇨를 고쳐 보겠다며 대단히 열심을 냈습니다. 그렇게 집사님이 돌아오지 않자 이번에는 소중한 보물인 자녀들을 치셨습니다. 공부 잘하고 착하던 아이들이 학교도 안 가고 방황하기 시작한 겁니다. 하나님이 이렇게 사인을 보내시는데도 여전히 집사님이 고집을 꺾지 않자, 하나님은 마지막 남은 보물인 아내가 다른 남자와 가출하는 사건으로 집사님을 치셨습니다. 집사님은 당시 대기업 부장이었는데, 왜 자신에게 이런 일이 왔는지 이해가 되지 않아서 교회에 나오게 되었습니다.

교회에 나와 말씀을 들으며 자신이 얼마나 죄인인지, 건강과 자녀, 아내를 치시는 사건이 하나님의 간곡한 사랑의 사인이었음을 깨닫게 되었습니다. 집사님이 회개하니 아내가 돌아와 하나님께 엎드리게 되었습니다. 이제는 다 된 줄 알았는데, 이번에는 하나님께서 더 가까이 오라고 집사님에게 암 고난을 주셨답니다. 이 고난 앞에서 집사님 부부는 기도밖에 할 수 있는 게 없다고 고백했습니다.

목자님이 이 집사님에게 물었답니다.

"아내분을 완전히 용서하셨나요?"

그랬더니 이 집사님이 이렇게 대답하셨습니다.

"제가 용서하려고 하는 마음은 교만인 것 같습니다. 저는 용서할 자격이 없는 사람입니다. 하나님께서 해 주시는 것이기 때문에 아내를 용서했다는 마음보다는 감사한 마음만 있습니다."

이렇게 고난을 통해서 온 가족이 아버지 품으로 돌아왔습니다.

고난을 끝내시는 분

＿＿＿ 그런데 우리는 모두 '때'가 궁금합니다. 여러분의 힘든 사건이 언제 끝날지 너무 궁금하시죠? 대

체 언제 이 남편이 정신을 차릴까, 언제 이 자녀가 마음을 다잡고 공부를 할까, 언제쯤이면 가정의 경제가 회복되고 건강 문제가 해결될까, 우리는 늘 그때가 궁금합니다.

　　요한계시록 22장에서 예수님은 자신을 "알파와 오메가요 처음과 마지막이요 시작과 마침이라"(계 22:13)고 말씀하십니다. 알파 되신 예수님이 우리의 고난을 시작하셨다면 오메가 되신 하나님께서 끝을 내십니다. 이것을 아는 자는 복이 있다고 말씀하세요. 주님이 우리의 시작과 끝이십니다.

　　내 남편이 시작과 끝이 아닙니다.

　　내 자녀가 시작과 끝이 아닙니다.

　　내 돈이 시작과 끝이 아닙니다.

　　내 병이 시작과 끝이 아닙니다.

　　어떤 어려운 환경에서도 주님만이 시작과 끝입니다. 어떤 환경도 주님이 시작하셨다는 것을 믿는다면 주님이 끝내셔야 끝난다는 것을 믿으십시오. 우리는 하나님의 시간을 알 수 없기 때문에 겸손하게 하나님을 믿고 나아가야 합니다. 내 문제가 가장 빨리 해결되는 방법은 모든 것의 창조주이자 우리를 지으신 하나님 아버지께 돌아가는 것입니다.

눅 15:17
이에 스스로 돌이켜 이르되 내 아버지에게는 양식이 풍족한 품꾼이 얼마나 많은가 나는 여기서 주려 죽는구나

너무나 치사하지만, 배가 고픈 겁니다. '내가 밥 먹기 위해서는 무슨 일이라도 한다'까지 가야 합니다. 이제 원망도, 욕심도, 허풍도 없어지고 그저 아버지 집의 품꾼이 굶지 않는 게 부러운 것, 여기까지 가야 합니다. 형님하고는 감히 비교도 안 합니다. 이

렇게 내려가서 자기 주제를 알게 되었습니다. 내가 내 주제를 아는 것부터가 하나님 복음의 시작입니다.

평신도 사역자였던 저는 교회를 개척하고 열심히 또 열렬히 달려왔습니다. 개척 13년 만에 성도가 만 명이 넘었으니 남들이 보면 목회의 정점이라고 할 수 있겠지요. 그런데 이때 제가 암이라는 병에 사로잡혀서 문자 그대로 꼼짝 못 하고 항암의 감옥에 갇혔습니다. 감옥에 가는 것을 가장 큰 두려움이라 한다면, 6개월 감옥에 가는 것과 6개월 항암을 하는 것, 여러분은 어떤 것을 선택하시겠습니까? 감옥이겠죠? 육체적으로만 생각한다면 항암보다는 감옥이 훨씬 나을 것 같습니다.

그런데 믿음으로 항암을 겪는 것과 아닌 것은 큰 차이가 있다는 것을 제가 투병 기간 동안 알게 되었습니다. 제가 말씀으로 매일 해석을 하면서 가니까 이 암을 사명으로 받아들이고 먹고, 걷고, 일어나 산

책도 하고 그랬습니다. 아픈 것만 생각했다면 감당하기 어려웠을 것입니다. '제가 이렇게 열심히 주님을 위해 달려왔는데 상을 주시지는 않고 웬 암이랍니까?' 이렇게 원망하는 마음이 들지 않겠습니까? 그런데 그런 마음이 들지 않았습니다. 유황불 같은 항암의 고통을 겪으며 저에게 또 다른 새 하늘이 열려서 죄인인 저의 주제를 더 깊이 깨닫게 되었습니다. 낮아짐의 축복을 온몸으로 경험했습니다.

택한 자는 사건이 생기고 고난을 만날수록 정말 자기 죄를 보게 됩니다. 이것이 성도의 상(賞)이고 그리스도의 신비입니다. 제게 온 모든 낮아짐의 사건은 저 김양재 한 사람의 일이 아니라 하나님의 일이었기 때문에 하나님이 그 일을 직접 이뤄 가셨고, 때마다 돕는 손길들을 허락하시며 은혜를 베풀어 주셨습니다. 나를 한없이 낮아지게 하는 내 인생의 흉년에서, 나의 죄를 깨닫는 축복이 있기를 기도합니다.

Q. 궁핍한 단계, 돼지 치는 단계, 돼지가 먹는 쥐엄 열매를 먹는 단계, 쥐엄 열매도 없어 못 먹는 단계 중에서 지금 어떤 단계에 있습니까?

Q. 주님이 시작하신 것을 주님이 끝낸다고 하시는데, 나의 사건을 해결할 분이 주님이심을 알고 있습니까?

◆

세상에서

가장 아름다운 감정은

회개입니다

―――――――

―――――――

The Prodigal Sons

둘째 아들, 돌탕은 풍족한 가운데 나갔다가 텅 비어서 돌아오게 생겼습니다. "나를 아들이라 부르지 말고 종이라 부르셔도 저는 할 말이 없는 인생입니다"라는 고백이 저절로 나오게 되었습니다. 그래서 아들은 하늘과 아버지께 죄를 지었다고, 눈물의 회개를 하게 됩니다.

눅 15:18

내가 일어나 아버지께 가서 이르기를 아버지 내가 하늘과 아버지께 죄를 지었사오니

참 회개의 모습이 무엇일까요? 바로 겸손함입니다. 내가 죄인이라는 깨달음이 우리를 성숙하게 합니다. 그래서 이 세상에서 가장 아름다운 감정은 회개입니다. 입술로만 "사랑한다"라는 말을 백 번 하는 것보다 "내가 죄인입니다" "내가 잘못했어, 그동안 너무

힘들었지?" "엄마가 너한테 정말로 미안하다"라는 고백이 더 감동적입니다. 이런 언어가 상대방을 변화시킵니다. 내가 살고, 나 때문에 힘들었던 사람들까지 사는 길은 내가 회개하는 길밖에 없습니다.

요한계시록 22장은 복 있는 자들에 대해 말씀하십니다.

계 22:14 ———————————————

자기 두루마기를 빠는 자들은 복이 있으니 이는 그들이 생명나무에 나아가며 문들을 통하여 성에 들어갈 권세를 받으려 함이로다

두루마기는 겉옷입니다. 성도들에게는 모두 각자의 두루마기가 있습니다. 저는 평생 두루마기는 입을 일이 없을 줄 알았는데, 목사가 되어서 새해에 한 번씩 입습니다. 그런데 속에 누추한 옷을 입어도 겉

에 멋진 두루마기 하나만 입으면 굉장히 멋있어 보입니다. 그만큼 우리는 겉을 치장합니다.

그런데 주님은 그 두루마기를 빠는 자가 복이 있다고 하십니다. 겉옷을 입을 때 우리는 괜찮은 정도라고 생각하겠지만, 주님의 시선은 다릅니다. 보기 싫게 얼룩진 두루마기도 있고, 오물이 묻은 두루마기도 있고, 또 덕지덕지 때 묻은 두루마기도 있겠죠. 색깔이 이상하게 변색된 두루마기도 있을 겁니다. 그런데 문제는 사람들이 자신의 색깔을 모른다는 거예요.

주님만이 우리의 본질을 아시죠. 내가 때가 덕지덕지 묻었는지, 색깔이 변했는지, 변질되었는지 주님은 다 꿰뚫어 보십니다. 우리 인간만 교만해서 자기가 얼마나 더러운지를 모릅니다. 그래서 복 중의 복은 자기의 더러움을 아는 것입니다.

그러면 더러워진 우리의 두루마기를 무엇으로 빨아야 찌든 때가 없어질까요? 안타깝게도, 이 세상에 더러워진 두루마기를 빠는 세제는 없습니다. 오직 그리스도의 보혈로 빨아야만 깨끗해집니다. 내 안에 선한 것이 없다는 회개의 고백 외에는, 내가 그리스도 십자가의 사랑이 아니면 살 수 없는 죄인이라는 고백 외에는 정결하게 되는 비결이 없습니다.

성경에서 "두루마기를 빤다"는 것이 현재 시제로 쓰였습니다. 천국 가는 그날까지, 우리는 반복해서 두루마기를 빠는 회개를 해야 합니다.

행 4:12

다른 이로써는 구원을 받을 수 없나니 천하 사람 중에 구원을 받을 만한 다른 이름을 우리에게 주신 일이 없음이라

위대한 성인이 구원하는 것 아니고, 남편과 돈이 구원하는 것 아닙니다. 오직 예수 이름으로만 구

원받고, 십자가 보혈로만 내 두루마기를 빨 수 있습니다. 잔느 귀용(Jeanne Guyon)이 말했듯, 철저한 자기 포기로 자신이 극도로 빈곤하고 무기력한 상태임을 확신할 때 조금도 망설이지 않고 그리스도의 보혈로 풍덩 빠져들게 되는 것이지요. 그럴 때 우리가 생명을 얻고 생명나무에 나아가며, 해산의 고통을 거쳐서 열두 진주 문에 들어갈 권세(계 21:21)를 가지게 될 것입니다.

반면 자기 죄를 깨닫지 못하면 원망만 합니다. 죄의 특징은 원망입니다.

"그 사람이 나를 꾀어서 망했어. 투자하라고 해서 했더니 망했어."

"이민 오라고 해서 갔더니 나를 속여서 망했어."

"돼지 주인이 쥐엄 열매를 준다고 하고는 사기 쳤어."

인간은 100퍼센트 죄인이라, 사건이 오고 환경

에 문제가 생기면 바로 원인을 전가하고 원망할 대상을 찾습니다. 그러나 상대방이 아니라 내게서 문제의 원인을 찾고, 내가 죄인임을 깨달을 때 변화가 시작됩니다.

눅 15:19

지금부터는 아버지의 아들이라 일컬음을 감당하지 못하겠나이다 나를 품꾼의 하나로 보소서 하리라 하고

자기 죄를 보게 된 둘째 아들은 아들로 불릴 자격이 없는 자신의 주제를 뼈저리게 느꼈습니다. 이전에는 자기가 대단한 사람인 줄 알고 아버지에게 당당하게 가서 "제 몫을 내놓으십시오" 했던 둘째 아들이 "저는 아버지의 아들이 될 수 없는 사람입니다. 품꾼의 하나라도 일컬음을 감당하지 못하겠습니다"라고 말해야겠다고 결심하고는 고개를 숙였습니다.

바울이 그리스도를 위하여 자신의 모든 것을 배설물로 여긴다고 했는데, 여러분, 문자 그대로 똥오줌을 상상해 보세요. 너무 더럽잖아요? 그러나 배설물은 배설해야 건강한 것입니다. 그걸 그대로 가지고 있으면 건강하지 못한 것입니다. 아무리 치장하고 위선을 떨며 교양 있는 표정을 하고 있어도 곪아서 병들어 갈 수밖에 없습니다. 우리 인생의 모든 것을 주 안에서 배설물로 여기며, 나의 죄인 된 것을 고백하는 것이 가장 귀합니다.

그래서 둘째 아들에게도 두루마기를 빠는 역사가 일어납니다. 회개를 통해 아버지께로 돌아갑니다.

마음만 먹어도 달려오시는 하나님

죄를 미워하면서 청산하지 않는 것은 회개가 아닙니다. 마음을 먹었으면 행해야 합니다. 내가 그런 생각을 하는 것만으로도 주님은 벌써 아시고 아직도 거리가 먼데 측은히 여겨 달려와 안아 주십니다.

눅 15:20

이에 일어나서 아버지께로 돌아가니라 아직도 거리가
먼데 아버지가 그를 보고 측은히 여겨 달려가 목을 안
고 입을 맞추니

'측은히 여겨'라는 말은 우리말에서 '애간장이
녹는다'라는 표현과 같습니다. 창자가 끊어질 것 같
은 고통을 느낄 정도로 가엾이 여기는 마음입니다.
우리가 하나님께 입으로 고백하지 않은 것이 많지만
하나님은 우리가 돌아가려고 생각만 해도 이렇게 불
쌍히 여겨 주십니다.

저도 이런 비슷한 경험이 있습니다. 어떤 아이
가 기막힌 간증을 해서 제가 강단에서 읽어 주었습니
다. 그러자 어떤 분이 "그 아이가 아직 안 달라졌는데 왜 읽어 주느냐, 앞으로도 안 달라지면 어쩌느냐"했습니다. 그 아이가 완전히 깨끗해질 때까지 기다리라는 것입니다. 하지만 그건 아닙니다. 둘째 아들이 지금 달라졌습니까?

"나를 품꾼의 하나로 여기소서."

이 이야기를 아직 입 밖으로 꺼내지도 못했습니다. 그러나 그런 마음만 먹어도 달려와서 숨이 막히도록 안아 주시는 것이 우리를 기다리시는 하나님입니다.

이 비유에서 누가 가장 아팠을까요? 아들을 기다리는 아버지보다 더 아픈 사람이 없습니다. 아들이 허랑방탕하게 살다가 바닥까지 내려가는 동안 아버지는 늘 동구 밖에 나가 아들을 하염없이 기다렸을 것입니다.

그리고 집으로 돌아온 아들을 집에 들이지 않고 죄의 대가를 치러야 한다고, 네가 변했는지 보겠다면서 공개적으로 창피를 줄 수도 있었습니다. 둘째 아들이 그런 수모를 당해도 마땅하지 않겠어요? 그런데 아버지는 아직 거리가 먼데도 저 멀리서 아들이 돌아오는 것을 보았습니다. 분명 그 시간은 밤이 아니고 낮이었을 것입니다. 그런데 그 시간이라면 마을에 많은 사람이 있었을 것이고, 아들을 알아본 사람들에 의해서 아들이 어떤 수치를 당할지 모릅니다. 혹시라도 그런 일이 생길까 봐 아버지는 아들이 오는 것을 보자마자 쏜살같이 달려 나갑니다.

'달려가다'라고 번역된 헬라어 '드라몬'은 경기장에서 육상선수가 전력 질주하는 모습을 묘사하는 데 사용되는 단어입니다. 고린도전서에 나오는 "운동장에서 달음질하는 자들이"(고전 9:24)라는 표현과 같습니다. 아버지는 그냥 간 것이 아니라 전력을 다해 아들에게 달려갔습니다. 나이도 많은 사람이 체통도 없이 말입니다. 명예와 체통을 목숨보다 더 소중히 여기던 당시 문화에서 아버지의 이러한 행동은 파격적이고 수치스럽기까지 합니다.

하지만 아버지는 아들을 위해 명예와 체면, 자존심을 모두 버렸고, 아버지로서 행사할 수 있는 최소한의 권한마저 포기했습니다. 자식이 그 어떤 위험과 멸시도 당하지 않게 하려고 아들의 수치를 자발적으로 떠안았습니다. 이처럼 아버지의 자발적 수치가 아들을 살린 것입니다.

아버지는 탕자인 아들이 회개했기 때문에 받아준 것이 아닙니다. 언제나 그 자리에 서 있는 분이 아버지입니다. 아들이 변해서 돌아왔지만, 아버지는 이전이나 지금이나 변함없이 동일한 마음으로 아들을 기다리고 있었습니다. 이것이 아버지의 고통이며 사랑인 것입니다.

집을 떠나기 전, 아들은 아버지를 그저 자기 인생의 방해물처럼 여겼고, 아버지가 있어도 고아와 같은 마음으로 살았습니다. 그러나 낮아진 마음으로 회개하고 돌아왔을 때 그제야 비로소 아버지를 얻었습니다. 아버지는 사랑하는 아들에게 잃어버린 아버지를 돌려주기 위해서 이를 악물고 아들을 떠나보냈고, 재물을 허비하도록 허락했습니다. 이처럼 하나님도 우리가 스스로 돌이킬 때까지 기다리십니다.

Q. 망하고 쫓겨나는 힘든 사건에서 누군가를 탓하고, 사회에 책임을 돌리면서, 또는 스스로를 책망하면서 회개가 아닌 후회와 원망만 품고 있지는 않습니까?

Q. 그럼에도 끝까지 기다리시고 인내하시는 하나님의 사랑을 믿습니까?

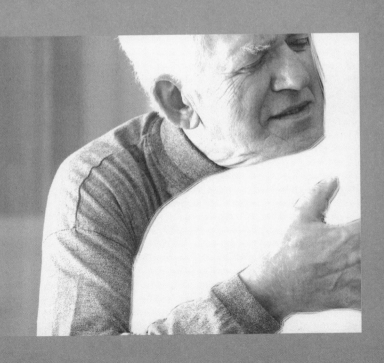

아버지 품에서의

진정한 회복

_____

_____

The Prodigal Sons

아들이 이르되 아버지 내가 하늘과 아버지께 죄를 지
었사오니 지금부터는 아버지의 아들이라 일컬음을 감
당하지 못하겠나이다 하나

둘째 아들은 마음속으로 회개한 것을 아버지에
게 입으로 시인했습니다. 회개는 이처럼 언어가 달라
지는 것입니다. 다들 "말로 해야 아나?" 하는데, 말로
해야 압니다. 사랑이 차 있으면 말로 안 할 수가 없습
니다. 말을 절대로 하지 않는 사람은 아직 회개하지
않은 것입니다. 회개는 주변 사람들에게 감동과 은혜
를 끼칩니다. '나 혼자 회개'는 없습니다.

집에 돌아온 아들은 자신이 아버지 집에서 일
하는 품꾼들 중 하나가 될 줄 알았습니다. 그런데 집
에 들어와서 알게 된 것은 무엇도 자기를 아버지의
사랑에서 분리할 수 없다는 사실이었습니다. 한없는

사랑에서 비롯된 아버지의 용서가 있기에 온갖 비행을 저지르고도 돌아올 수 있었고, 품꾼이 아닌 아들로 돌아왔습니다. 그는 죄를 짓거나 안 짓거나 아버지의 영원한 아들이었습니다.

눅 15:22-24

22 아버지는 종들에게 이르되 제일 좋은 옷을 내어다가 입히고 손에 가락지를 끼우고 발에 신을 신기라

23 그리고 살진 송아지를 끌어다가 잡으라 우리가 먹고 즐기자

24 이 내 아들은 죽었다가 다시 살아났으며 내가 잃었다가 다시 얻었노라 하니 그들이 즐거워하더라

아버지는 아들에게 아낌없이, 기쁘게 재물을 썼습니다. 아들이 고귀한 신분의 사람임을 공개적으로 알리기 위해서 먼저 제일 좋은 옷, 의의 옷을 입혀

서 신분을 회복시켜 주었습니다. 그리고 주인으로서 갖는 권위를 상징하는 인장 반지인 가락지를 손에 끼워 주었고, 종이 아닌 집주인으로서 자유로운 신분을 상징하는 신을 신겨 주었습니다. 특별한 날 잔치를 베풀 때 내놓는 살진 송아지를 잡은 것은 둘째 아들이 돌아온 이날이 아버지에게 그만큼 특별한 날이라는 것을 의미합니다. 그리고 돌아온 아들에게 이렇게 말해 주었을 것입니다.

"너는 특별한 아이란다. 너는 함부로 살아서는 안 되는 아이란다."

죄인을 향한 하나님의 무한한 사랑은 낭비처럼 보이기까지 합니다. 내 죄를 인정하고 회개했을 때 나를 안아 주시는 하나님의 사랑, 가족과 지체의 사랑은 바로 이와 같습니다.

한 집사님의 간증을 소개합니다. 대학 2학년

때 아버지의 사업 실패로 집사님의 집은 망하게 되었고, 갑자기 찾아온 경제적 어려움 속에서 잘생긴 외모와 잘나가는 전공, 무엇보다 시아버지의 직업이 교수라는 것에 끌려 지금의 남편을 만나 사귀게 되었습니다. 교제를 시작한 지 1년쯤 되었을 때부터 남편이 폭언과 폭력을 일삼기 시작했고, 혼전 임신이 되어 어쩔 수 없이 친정집에서 신혼살림을 시작했습니다. 그러나 남편의 폭력은 더 심해져 같이 살던 친정아버지를 폭행하기까지 했답니다.

이 과정에서 집사님의 뱃속 아기가 34주 만에 미숙아로 조산되었고, 현재는 정신지체와 발달지체 판정을 받고 언어치료, 인지치료, 운동치료, 사회성그룹치료, 미술치료 등 특수치료를 받고 있습니다. 집사님은 아이가 그렇게 된 것이 모두 자기 탓인 것 같아 하루하루 사는 것이 너무나 괴로웠습니다. 남편에게는 일방적으로 폭력을 당했고, 7년간의 결혼생활

중 6년간은 늘 부재중 남편이었습니다. 발달장애 큰 아이와 둘째 아이를 오롯이 혼자 돌보며 고난의 시간을 버텨야 했습니다.

집사님의 남편은 해외 출장이 잦았는데, 3개월간의 미국 출장에서 귀국이 늦어져서 무슨 일인가 의아해하던 참에 우연히 남편의 핸드폰에서 여자들과 주고받은 문자, 동영상, 음성 파일을 발견하게 되었습니다. 귀국이 늦어진 이유는 미국에서 다른 여자와 동거를 했기 때문이었습니다. 핸드폰을 통해 남편이 총각 행세를 하며 6명가량의 여자들과 관계를 한 것을 알게 되었습니다. 남편은 자신에게는 그렇게 폭력적이더니 그 여자들에게는 온갖 아양과 애교를 부렸고, 심지어 그녀들과 직접 관계를 맺는 모습까지 동영상에 담겨 있었습니다. 집사님은 절망에 빠졌다고 합니다.

적반하장으로 남편은 아무것도 아닌 일에 폭

발하며 폭력의 수위가 점점 더 높아졌습니다. 이렇게 맞다가는 죽을 수도 있겠다는 절박한 공포로 소송을 제기했고, 재판 결과 남편은 통신 금지, 거주지 근처 접근 금지, 보호관찰 6개월 판결을 받아 지금은 소식이 끊어진 상태입니다.

　　이렇게 힘든 시기를 보내다가 집사님이 우리들 교회로 인도함을 받았습니다. 예배 때 자신의 힘든 사건들을 솔직하게 내어놓고 간증하는 분들을 보며, '나보다 더 힘든 사람도 있구나, 나만 힘든 것이 아니구나' 싶어 마음이 녹았답니다. 그리고 말씀을 들으며 자신의 삶이 해석되었고, 오로지 남편 탓만 하며 돈을 좇고 외모만 치장하던 자신의 모습을 객관적으로 보게 되었다고 고백했습니다. 사랑과 희락과 화평의 내적 성전을 욕심 많은 자신이 지어 갈 수 없기에, 인생 채찍과 사람 막대기로 징계하시고 그 끝에서 "너는 특별한 사람이다, 함부로 살아서는 안 될 사람이다" 하고 손 내밀어 맞아 주시는 하나님의 사랑을 경험하게 되었다고 말했습니다.

두 아이를 홀로 양육하는 것이 어렵지만, 탕자에게 가장 좋은 것으로 베풀어 주신 아버지 하나님의 너그러우신 사랑을 믿기에 두려움과 걱정 대신에 믿음으로 나아가겠다고 다짐합니다. 목장 공동체가 온 마음과 정성을 다해 섬겨 주고, 말씀으로 위로해 주니 쥐엄 열매조차 없어서 못 먹던 처절한 환경에서, 아버지가 가락지를 끼우고 좋은 옷을 입혀 주어 하나님의 자녀로 신분이 회복되었다고 말합니다.

하나님은 차별 없이 우리를 부르십니다

이 세상은 잘난 사람들만 그 이름을 호명합니다. 어린 학생들도 공부를 잘해야지 선생님에게 이름이 불립니다. 한 학급이 30명이라고 하면 반장, 부반장, 총무, 회계, 서기, 줄반장들까지 다 쳐 봐야 열 명

정도만 선생님에게 지명됩니다. 졸업할 때 우등상, 개근상, 모범상을 수여하지만 지명 받는 사람보다는 지명 못 받는 학생들이 훨씬 더 많습니다.

명절에 돈 많이 내는 자녀가 안 오면 아무도 밥을 못 먹는 것은 아시죠? 사회에 나가도 돈 있어서 지명 받고, 미모가 있어서 지명을 받습니다. 그러나 실제로는 지명 받지 못하는 사람이 훨씬 더 잘 사는 것을 아시죠? 지명당한 경험이 별로 없는 분들은 장사를 할 때 겸손하기 때문에 "네, 네"를 잘합니다. 고객의 마음을 잘 읽기 때문에 장사도 잘합니다.

그런데 공부도 못하고 돈도 못 벌고 이것도 저것도 안 되고, 산전수전 공중전까지 치러서 교회에 온 사람이 교회에서도 차별을 당할 수 있습니다. 그러면 너무나 상처를 받아서 떠나고 싶습니다. 하지만 교회 역시 100퍼센트 죄인인 인간이 모인 곳이라 그렇습니다. 이삭도 야곱과 에서를 차별했습니다. 자기 자식도 차별하는 마당에 교회에서 왜 차별이 없겠습니까. 차별이 있을 수 있다고 인정하는 것이 믿음이 있다는 증거입니다. 내가 과부이고, 자녀들이 공부 못하는 것을 인정해야 합니다. 어디에든 차별이 있고 호명되지 않아 힘든 인생들이 많습니다. 우리는 외모로 차별하고, 성별로 차별하고, 피부색과 민족으로 차별합니다. 그럼에도 우리에게는 둘째 아들처럼, 돌아갈 집이 있습니다. 여러분은 그것을 믿으십니까?

사 43:1

야곱아 너를 창조하신 여호와께서 지금 말씀하시느니라 이스라엘아 너를 지으신 이가 말씀하시느니라 너는 두려워하지 말라 내가 너를 구속하였고 내가 너를 지명하여 불렀나니 너는 내 것이라

식당에서 이 이사야서 말씀이 적힌 액자를 많

이 본 것 같습니다. 아마도 이 한 구절 안에 '나를 창조하신 하나님' '말씀하시는 하나님' '나를 지으신 하나님' '두려워 말라고 명령하시는 하나님' '너는 내 것이라고 하시며 구속해 주고 지명해 주시는 약속의 하나님' 등 위로가 되는 구절이 많기 때문인 듯합니다. 우리가 얼마나 두려운 것이 많은가 하면, '두렵다'라는 단어가 성경에 365번 등장합니다. 지나간 과거에 잘못 행한 것 때문에 두렵고, 현재가 두렵고, 다가올 미래는 더 두렵습니다. 그런 우리에게 하나님은 따스한 아버지의 음성으로 "내가 너를 지명하여 불렀나니 너는 내 것이라"고 말씀하십니다.

하나님은 우리 아버지이십니다. 아버지가 돌아온 둘째 아들에게 한없는 사랑으로 말하고 대하듯, 우리를 창조하신 하나님 아버지 역시 지금 내 형편이 어떨지라도 내 이름을 지명하여 부르십니다. 야곱이 누구입니까? 여자 좋아하고, 돈 좋아하고, 사기꾼에 거짓말쟁이였던 사람입니다. 부인은 네 명이나 되었고 아들을 열둘씩이나 낳았습니다. 첫째 아들은 야곱의 첩인 서모와 동침을 하고, 둘째와 셋째는 살인을 하고, 넷째는 며느리와 동침을 하고, 딸은 강간을 당했습니다. 세상에 이런 콩가루 집안이 어디 있습니까. 그런데 하나님은 그런 야곱에게 "너는 내 것이라, 내가 너를 구속하였다"라고 따뜻하게 말씀해 주십니다. 그 하나님이, 지금 우리의 이름도 부르십니다. 바로 나의 이름을 지명하여 부르십니다.

내 마음 들여다보기

Q. 하나님은 나를 돌아온 탕자처럼 귀하게 여기신다는 사실이 믿어집니까?

Q. 내가 속한 곳에 차별이 많아서 힘듭니까? 그럼에도 하나님이 내 이름을 지명하여 부르신다는 사실을 믿습니까?

Q. 돌아갈 곳을 생각하면 아버지의 얼굴이 떠오릅니까? 현재 아버지의 품 안에 안겨 있습니까?

2장

집에 있는 탕자,
집탕

그게 나와

무슨 상관인데요?

―――――

―――――

The Prodigal Sons

만아들은 밭에 있다가 돌아와 집에 가까이 왔을 때에
풍악과 춤추는 소리를 듣고

　탕자였던 둘째 아들이 집으로 돌아온 것은 이
토록 기쁜 일인데, 오늘 이 이야기 속에서 전혀 기뻐
하지 않는 한 사람이 있습니다. 바로 만아들입니다.
　그런데 이 만아들이 너무 우습습니다. 둘째 아
들의 표현에 의하면 "내 아버지 집에는 품꾼이 많은
데"(17절) 왜 자기가 밭에 나가 있습니까? 자기 열심이
하늘을 찌릅니다. 품꾼에게 줄 품삯을 한 푼이라도
더 아끼느라 밭으로 갔을 수도 있겠지요.
　동생보다 많은 상속을 물려받은 만아들이 품꾼
들과 같이 밭에 나가서 일했다니, 매우 성실하고 근
면한 사람이었을 것입니다. 자기 일을 스스로 열심히
하니, 그는 아마 열심히 살지 않고 노력하지 않는 사

람을 이해하지 못하는 성격이었을 것입니다. 또 아버지로부터 받은 유산도 많으니 남에게 아쉬운 소리를 하거나 들을 일도, 손가락질 받을 일도 없었을 것입니다.

그러나 말씀을 통해 보는 맏아들은 바리새인과 서기관 같은 사람입니다. 아버지하고 한집에 살면서도 아버지와는 교제도 없고, 남들은 기뻐하며 잔치에 참여하는데 "풍류와 춤추는 소리"를 듣고 의아해하며 비본질적인 것에만 관심을 갖습니다. 그래서 어디에서 놀아야 하고, 어디에서 일해야 하는지를 모릅니다.

성령이 충만한 사람은 언제나 있어야 할 자리에 있습니다. 예수 믿는 사람은 쉴 줄도 알아야 합니다. 그런데 경건한 사람들이 얼마나 욕심이 많은지 몰라요. 자기 욕심을 채운다는 면에서 경건한 사람들이 훨씬 쾌락적일 때가 많습니다. 쉴 때 잘 쉬고, 일할 때 열심히 일하는 사람이 진정 믿음 좋은 사람입니다.

한 종을 불러 이 무슨 일인가 물은대

맏아들은 아버지와 같이 살았는데도 아버지에게 직접 묻지 않고 이렇게 종에게 묻고 있습니다. 잠시 뒤에 나오는 29절에서 맏아들이 "내가 여러 해 아버지를 섬겨 명을 어김이 없었다"고 말하는 것을 보면, 맏아들은 자신을 아버지의 아들이 아니라 종으로 생각했던 것 같습니다. 아버지는 상관이고 자기는 종이니, 그만큼 아버지와 거리를 두고 있었던 것이 분명합니다. 부자지간이라기보다는 주종관계로 생각했던 것 같습니다. 그러니 궁금한 집안일도 종에게 먼저 묻고, 뭘 해도 종이랑 먼저 상의를 합니다.

"무슨 일인가 물은대"라는 구절은 미완료시제로 이해가 안 되어서 계속해서, 지속적으로 묻고 있음을 의미합니다. 성실한 사람인데 교회에 계속 와도 지속적으로 이해가 안 되는 경우가 종종 있습니다. 우리들교회에는 제 설교를 13년이나 들어 온 S대 출신의 똑똑한 성도님이 있습니다. 그런데 그분은 지속적으로 이해가 안 되어 지금도 소그룹 모임에 나가지 않고 있습니다. 왜냐하면 모든 사람의 간증이 자기 일로 느껴지지 않기 때문입니다. 그들은 이렇게 생각할 수도 있습니다.

'탕자의 간증은 나와 상관없어. 지질한 인간들이나 저러는 거야.'

그러면서 그 사람이 변해 새사람이 된 것이 나와 무슨 상관이냐고 생각합니다. 이들이 바로 맏아들입니다.

교회에는 나가는데 아들을 힘들게 하는 어떤 성도의 아버지가 우리들교회 예배에 처음 오셨습니다. 구체적인 죄의 고백과 회개에 대한 이야기는 처음 들으시는 것이라 아들이 좀 걱정을 했습니다. 아니나 다를까, 간증을 듣고 상당히 불편해하시면서 "저런 이야기는 교회에서 왜 하냐? 저 이야기가 나랑 무슨 상관이냐? 무슨 자랑이라고 이렇게 많은 사람들 앞에서 저런 이야기를 하냐?" 하고 계속 이해가 되지 않는다고 하셨답니다. 그러더니 아들이 아무리 설명해도 "너랑은 도저히 말이 안 통한다" 하고 화를 버럭 내고는 가 버리셨다고 합니다.

　　저 또한 남편이 죽은 것이 무슨 간증이겠습니까? 죽을병에서 살아나야 간증이라고 생각하는 사람들이 얼마나 많은지 모릅니다. "남편이 죽으면 슬퍼해야지 무슨 할렐루야야? 제정신이야?" "누구 죽을까 봐 어떻게 예수를 믿겠어? 큐티는 무슨 큐티야?" 이런 이야기를 수도 없이 들었습니다. 이렇게 변변치 못한 간증은 나와 상관이 없다며, 듣기도 싫고 기분 나빠하시는 분들이 한둘이 아닙니다.

_____ '그게 나와 무슨 상관이야?'가 좌우명인 이 맏아들의 물음에 종이 대답합니다.

눅 15:27

대답하되 당신의 동생이 돌아왔으매 당신의 아버지가 건강한 그를 다시 맞아들이게 됨으로 인하여 살진 송아지를 잡았나이다 하니

이 말씀은 도리어 종이 둘째 아들을 염려하던 아버지의 마음을 더 잘 알고 있음을 설명하고 있습니다. 맏아들은 종보다도 아버지의 마음을 더 모르고 있었습니다. 집안의 종보다, 남보다 못한 가족이었던 것입니다.

그렇기에 아버지의 곁을 지킨 맏아들은 어디서 어떻게 지냈는지도 모르는 동생이 돌아왔을 때도 하

나도 기뻐하지 않습니다. 가족 구원에 관심이 하나도 없습니다. 맏아들처럼 가족이 하나님을 모르고 살아도 관심이 없고, 구원 받고 돌아와도 전혀 기뻐하지 않는다면 어떻게 구원 받은 자라고 할 수 있겠습니까? 안 믿는 식구들을 보면서도 애통함이 없다면 내 구원의 확신을 점검해 보아야 합니다. 제가 하는 말이 아니라 성경이 이렇게 말씀하고 있습니다.

성경에는 가족의 구원, 골육 친척의 구원을 간절히 원하던 한 사람의 고백이 나옵니다. 바로 바울 사도입니다. 바울 사도는 로마서 8장 39절에서 "높음이나 깊음이나 다른 어떤 피조물이라도 우리를 우리 주 그리스도 예수 안에 있는 하나님의 사랑에서 끊을 수 없으리라"고 고백합니다. 그렇게 깊고 단단하고 굳은 하나님의 사랑을 받은 바울 사도가, 바로 이어지는 로마서 9장에서 자신에게 큰 근심과 그치지 않는 고통이 있다고 고백합니다.

1-2 내가 그리스도 안에서 참말을 하고 거짓말을 아니
하노라 나에게 큰 근심이 있는 것과 마음에 그치지
않는 고통이 있는 것을 내 양심이 성령 안에서 나와
더불어 증언하노니

3 나의 형제 곧 골육의 친척을 위하여 내 자신이 저
주를 받아 그리스도에게서 끊어질지라도 원하는
바로라

바울의 근심은 자기 근심이 아닙니다. 좋은 집,
좋은 환경, 병이 낫기를 구하는 육적인 근심이 아닙
니다. 내가 원하는 것을 갖고 싶어서 조바심 내는 야
망의 고통도 아닙니다. 바울에게는 자신이 저주를 받
아 그리스도에게서 끊어질지라도 간절히 원하는 것
이 있었습니다. 목숨과 바꾸어도 아깝지 않은 것이
있었습니다. 바로 가족과 민족의 구원이었습니다. 바

울은 20년 가까이 전도 여행을 다니면서, 항상 골육이자 형제인 유대인의 회당부터 찾아갔습니다. 3차에 걸친 전도 여행 중 이방인들은 다 믿고 돌아오는데 유대인들은 예수님을 안 믿었습니다. 나로 인해 많은 구원의 열매가 나타나는데 가족은 예수님께로 돌아올 기미가 보이지 않습니다. 그의 마음이 얼마나 애통했을까요?

저도 결혼생활 5년 만에 주님을 만나고 남편과 가족의 구원에 대해 애통함을 가지게 되었습니다. 늘 구원을 소망하며 말씀을 묵상하고 전했으며, 가족의 구원을 위해서 집을 오픈하고 큐티 모임을 10개나 인도했습니다. 그런데 모든 사람이 다 제 말을 듣고 예수를 믿어도 남편과 아들은 돌아올 줄을 몰랐습니다.

아들이 큐티하게 하려고 아침마다 학생 큐티 모임을 시작했는데, 첫날에는 양심상 나오더니 두 번째 날부터는 친구가 와서 깨워도 나오지 않았습니다.

그래서 아들의 방문을 쳐다보면서 큐티를 하는데 다른 아이들은 새벽부터 모여서 은혜를 받았지만 아들은 방에서 자고 있었습니다. 방에서라도 들으라고 소리를 질러 가며 말씀을 전했습니다. 제가 잘한 것은 똑똑 문을 두드리며 "큐티 하자, 큐티 하자" 한 것이었어요. 그때 제 마음이 얼마나 안타까웠는지 모릅니다. 그러다 아들이 군 생활 중에 주님을 만났고 청년부 목자를 하고 지금은 목사로 교회를 섬기고 있습니다. 기적입니다.

남편의 구원 역시 더디 이루어져서 기도가 더 간절해졌습니다. 남편이 떠나기 1년 전부터는 날마다 "제 생명을 거두어 가시더라도 남편을 구원해 주세요"라고 기도했습니다. 제 안에 주님과의 연합이 충만하면 충만할수록, 구원 받지 못한 내 가족 때문에 그치지 않는 근심과 고통이 있었습니다. 그렇게 남편 한 사람의 영혼 구원을 위해 기도했기에, 지금 하나님은 저로 하여금 많은 사람들의 영혼 구원을 위한 사명을 감당하게 하십니다.

바울이 이방인의 사도로 사역하면서 자기 동족에 대한 근심이 있었듯이, 우리가 구원 받은 사람이라면 내 식구의 구원을 위한 간절함이 있어야 합니다.

"괜찮아, 지금은 공부하고 나중에 교회 나가. 그냥 잘 살다가 나중에 믿으면 되지."

이런 말을 하는 부모가 한둘이 아닙니다. 이것은 사랑이 아닙니다. 자기 목숨이라도 내놓고자 했던 바울처럼 급하고 절박한 마음으로 구원을 위해 기도하고, 애써야 합니다. 그것이 사랑입니다.

Q. 나는 아버지와 부모 자녀 관계입니까, 아니면 주종
관계입니까?

Q. 나는 들은 말씀을 자신에게 적용하고 있습니까? 다
른 사람들이 들어야 할 말이라고, 나와는 상관없다
여기지는 않습니까?

Q. 내게는 믿지 않는 가족과 친척을 향한 구원의 애통
함이 있습니까?

사랑 없이 수고한 자의

생색과 분노

―――――――――

―――――――――

The Prodigal Sons

그가 노하여 들어가고자 하지 아니하거늘 아버지가
나와서 권한대

종은 그 말을 들은 맏아들이 함께 즐거워할 것
을 기대했는데, 맏아들은 오히려 분노로 반응했습니
다. 아버지가 동생의 무책임한 행동을 벌하지 않는
데 분개하고 있는 것입니다. 동생이 환대를 받았고,
그의 행동이 너그럽게 용서 받았기 때문에 더욱더 화
를 참을 수 없는 겁니다.

속담에 사촌이 땅을 사면 배가 아프다는 말이
있습니다. 맏아들도 배가 아팠을 것입니다. 그래서
맏아들이 이 기쁜 이야기에 노했습니다. 분노가 쌓이
면 스스로를 갉아먹고, 관계를 파괴하며, 결국 다 망
합니다. 노가 쌓이면 혈기가 충동적으로 나와서 가족
관계를 비뚤어지게 합니다. 한 사람의 분노가 그렇게

심각합니다.

그래서 아버지는 돌아온 탕자와 집안의 모범생 탕자, 돌탕과 집탕을 모두 권하느라 눈물이 마를 날이 없습니다. 맏아들이고 둘째 아들이고, 돌탕이고 집탕이고 예수가 없으면 다 문제입니다.

눅 15:29 ─────────────────────────

아버지께 대답하여 이르되 내가 여러 해 아버지를 섬겨 명을 어김이 없거늘 내게는 염소 새끼라도 주어 나와 내 벗으로 즐기게 하신 일이 없더니

여기서 '섬기다'는 원어로 '둘리오'인데, 맏아들이 자식으로서가 아니라 종으로서 아버지를 섬겼다는 표현입니다. 맏아들이 자신과 아버지의 관계를 부자 관계가 아니라 주인과 종의 관계로 인식하고 살아왔음을 다시금 드러내고 있습니다. 그런 식으로 아버

지를 여러 해 섬기고는 겨우 바라는 것이 염소 새끼 한 마리라니 기가 막히지 않습니까? 아버지가 그렇게 사랑했는데, 맏아들은 그 사랑에 사랑으로 응답하지 못했습니다. 아버지가 사랑한다고 했는데 거기에 충성으로 반응한 것은 결국 사랑에 대한 모독입니다.

　이 말씀을 원어로 보면, "아버지께 대답하여 이르되"라는 구절 다음에 맏아들이 아버지를 "Look"(이봐요)이라고 불렀습니다. 그는 아버지를 존경하지 않았습니다. 혹시 나이가 들어서 부모님께 "이봐요" "야"라고 부르는 분이 있다면 빨리 호칭부터 바꾸기 바랍니다. 또한 아무리 눈에 넣어도 아프지 않은 자식이라고 할지라도 호칭부터 가르쳐야 합니다.

　맏아들은 둘째 아들이 재산의 9분의 1을 가지고 나갔으니까, 나머지 9분의 8이 자기 것이 되었다고 회심의 미소를 지었을 것입니다. 그러고는 노력, 봉사, 근면, 충성으로 열을 냈습니다. 둘째 아들이 돌아오기 전까지는 기쁨이 충만했는데, 이제 자기 몫이 없어지게 생겼습니다. 그는 아버지를 존경한 것이 아니라 돈을 존경하고 눈치를 봤던 것입니다. 집안일을 도맡아 했으니 마음만 먹으면 아버지가 준 적 없다던 염소 새끼를 자기가 못 잡겠습니까. 맏아들은 아버지에게 잘 보이려고는 했지만, 동생이 돌아와 즐거워하는 잔치에는 함께하지 못하는 절벽 같은 사람이었습니다. 정말 인간적인 매력이 하나도 없는 사람입니다.

맏아들은 종처럼 아버지를 열심히 섬기면 아버지의 호의를 살 수 있고, 자식의 신분을 유지해 갈 수 있다고 오해한 것입니다. 형제 누구누구 때문에 내가 손해를 봤다고, 내가 부모 때문에 하고 싶은 일을 못했다고 억울해한다면 맏아들과 다를 바 없습니다. 내가 정말 사랑해서 했다면 그것 자체가 복입니다. 사랑 없이 수고하고, 칭찬과 물질의 보답을 바라는 것은 섬김이 아닙니다. 내가 좋아서 하는 것보다 기쁜 일이 어디에 있겠습니까?

누가복음 16장 13-15절을 보면, 예수님은 바리새인들 앞에서 불의한 청지기의 비유를 들어 설교하십니다. "너희가 하나님과 재물을 겸하여 섬길 수 없다"(13절)는 예수님의 단호한 말씀을 듣고 바리새인들이 비웃습니다. 성경은 그 이유를 "바리새인들은 돈을 좋아하는 자들이라"(14절)고 말합니다. 돈을 좋아하면 주님의 말씀을 비웃게 되고, 깨달아야 할 것을 깨닫지 못합니다. 맏아들이 아버지의 마음을 모르고, 동생이 돌아온 것을 기뻐하지 못한 것은 돈을 좋아하는 마음 때문입니다.

4대째 모태신앙인이던 저 역시 내면은 철저한 바리새인이었습니다. 겉으로는 언제나 모범생이고 거룩하고 경건한 모습이었지만, 바리새인처럼 속으로는 돈을 사랑하고 사람 앞에서 스스로 '옳다' 여겼습니다.

늘 인정받고 높임 받는 것에 목이 말랐고, 교회에서 평생 반주 봉사를 했어도 주님을 사랑해서 하지 않았습니다. 예수님을 비웃은 바리새인처럼, 믿음이 뭔지도 모르는 저였기에 전도밖에 모르는 저희 친정어머니를 비웃었습니다.

새벽마다 교회의 재래식 변소를 청소하고 오는 어머니의 몸뻬 바지에서 나는 똥 냄새가 부끄러웠고, 교회 섬기는 데만 바빠 제게 관심을 기울이지 않는 어머니가 서운하고 싫었습니다. 어머니가 그토록 예배를 사모하고, 눈물을 흘리면서 오래 기도하면 그게 그렇게 창피해서 막 꼬집으면서 그만 좀 울라고 핀잔을 주었습니다. 어머니가 평생 설교를 받아 적고 말씀을 묵상한 노트가 수십 권이었는데, 어머니가 돌아가시자 제가 그것을 아무런 미련도 아쉬움도 없이 다 내다 버렸습니다. 그 믿음의 유산이 제게 하나도 중요하지 않았기 때문입니다.

어머니는 평생 구원을 위해 사셨는데도 저는 오직 돈만 사랑해서 그럴듯한 집에 시집가서 행복하게만 살려 했습니다. 동생의 구원에는 아무런 관심도 없고 오직 주판알만 튕기고 있던 맏아들처럼, 구원과는 상관없는 삶을 살던 죄인이었습니다.

그런데 저희 어머니는 육적으로 멸시 받았을지 몰라도 우리 집안을 깨우셨습니다. 새벽마다 몸뻬 차림으로 교회 변소 청소를 하면서 드린 어머니의 기도에 하나님께서 힘을 실어 주셨습니다.

내 마음 들여다보기

Q. 내가 가정, 직장, 교회에서 하고 있는 수고의 바탕에는 사랑이 있습니까?

Q. 나는 하나님의 사랑에 사랑으로 응답합니까, 아니면 두려움에 근거한 열심과 수고로만 응답합니까?

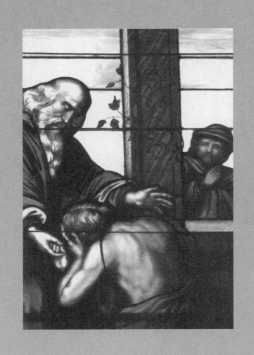

돌탕과 집탕은

본질적으로 같습니다

―――――

―――――

The Prodigal Sons

아버지의 살림을 창녀들과 함께 삼켜 버린 이 아들이
돌아오매 이를 위하여 살진 송아지를 잡으셨나이다

맏아들은 아버지에게 대들었습니다. 둘째 아들
이 허랑방탕하다고는 했지만 구체적으로 창기와 어
울렸다는 말은 없는데 그런 표현을 썼습니다. 자신이
그렇게 놀고 싶었던 것을 은연중에 암시했을지도 모
릅니다. 집에서 종처럼 섬기면서 그렇게 놀고 싶은 마
음이 없었겠습니까. 그리고 '동생'이라고도 안 합니
다. "이 아들"의 원어를 보면 '당신의 아들'입니다. 경
멸을 담은 표현입니다. 우리가 보통 '이놈' '저놈' 하
는 것보다 훨씬 더 나쁜 욕으로, 관계를 거절하는 말
입니다. 아무리 힘들어도 이와 같은 말은 하지 마시기
바랍니다. 언어에도 입술의 할례가 있어야 합니다.

또한 믿음으로 구원을 받았다고 하면서도 끊임

없이 근거를 찾으려는 고정관념이 우리에게 있습니다. 어떤 아이는 착한 아이고, 어떤 아이는 말 안 듣는 아이라는 고정관념이 뚜렷합니다. "쟤는 부모가 그렇게 열심히 믿었으니 구원 받을 줄 알았지." "문제만 일으키던 그 애가 구원을 받았다고? 좀 두고 봐야지. 언제 세상으로 돌아갈지 모르잖아?" 별별 얘기를 다합니다. 그러나 하나님의 택하심은 우리의 고정관념을 무너뜨립니다.

　　맏아들에게는 둘째 아들에게 없는 근면함과 성실함이 있었습니다. "쟤는 성실해서 하나님이 택하실 만해"이럽니다. 따라가지 못할 자기 수양과 영성이 있는 것같이 보이지만 실상은 의로운 교만으로 가득 차 있습니다. 그에게 아버지는 없고, 오직 자신을 몰라주는 불공평한 늙은이만 있을 뿐이었습니다. 회개 전에 둘째 아들도 그러지 않았습니까? 그래서 둘째 아들과 맏아들, 돌탕과 집탕은 본질적으로 같습니다. '아버지가 죽었으면 좋겠다'고 둘 다 똑같이 생각했을 겁니다. 결국 두 아들 모두 불효자였고, 그들은 주님을 만나지 못했습니다.

제 남편도 성실하고 근면해서 구원 받고 간 것이 아니었습니다. 전적으로 하나님이 택하셨기 때문에 구원 받고 천국에 갔다고, 남편 소천 후 묵상한 에스겔 10장에서 하나님이 낱낱이 해석해 주셨습니다. 구원에 초점을 둔 믿음은 어떤 순서나 행위에 대해서도 자유합니다. 탕자의 비유를 꼭 기억하십시오. 우리 생각에는 맏아들이 구원 받을 것 같지만 정작 구원 받은 아들은 회개하고 돌아온 탕자, 문제 많은 둘째 아들입니다.

원본이 아니라 복사본으로 사는 삶

그러나 맏아들의 외로움을 이해할 수 있어야 합니다. 맏아들은 피해의식으로 자신에게 상처 주며 홀로 쓸쓸해했습니다. 겉으로 보이는 모습과 속에 감추어진 모습이 완전히 달랐습니다. 그래서 맏아들은 자신과 동생을 비교했습니다. 착한 아이 증후군에 시달리며, 낮은 자존감으로 살았을 겁니다.

착한 아이 증후군은 전혀 건강하거나 바람직한 것이 아닙니다. 어려서부터 말 잘 듣고, 순종적이며, 자기주장이라고는 전혀 없어서 다루기가 편하니까 착한 아이라고 할 뿐입니다. 목회자의 자녀가 성도의 자녀와 싸우면 목회자는 무조건 자기 자녀에게 사과하라고 말합니다. 이때 아무런 저항이나 반발 없이 사과하면, 착한 아이라고 말해 줍니다. 왜 사과해야 하는지 설명해 주지도 않고, 아니 왜 사과해야 하는지 생각해 보지도 않고 "너는 목사 자녀니까 무조건 사과해" 하고 말합니다. 저도 저희 손녀들에게 그렇게 말했습니다. "너는 할머니가 목사니까 무조건 잘못했다고 그래."

그렇게 하다 보니까 문제가 생깁니다. 자기는 잘못하지 않았는데 무조건 '우리 아버지가 목사니까 나는 사과해야 해' 하는 억울한 마음이 쌓여 갑니다. 속으로 억압된 이 분노의 감정들 때문에 목회자 자녀들이 아픈 시행착오를 겪는 것을 종종 보았습니다. 진짜가 아니라 가짜로 살았기 때문입니다. 원본이 아니라 복사본으로 살았기 때문입니다.

자기가 없는 삶의 구체적인 증상이 무엇인지 아십니까? 남의 눈치만 살피고, 싫다는 소리를 못하고, 겉과 속이 다른 가면을 쓰고, 참고 또 참고, 하고 싶은 일이 없고, 스스로 결정을 내리지 못하고, 자기 자신을 부정적으로 생각하며 피해의식에 젖어 있습니다. 늘 섬김만 받았기 때문에 유약하고 무기력합니다. 늘 우울합니다. 그렇게 아픈 아이들이 비단 목회자 자녀뿐이겠습니까.

우리의 고정관념이 가장 강력하게 작동하는 것

이 자녀 문제가 아닌가 합니다. 자식은 곧 나 자신이기 때문입니다. 하나님의 택하심을 믿는다면, 내 자녀를 있는 그대로 인정해야 합니다. 자녀가 공부도 잘하고 성실하다면 너무나 감사한 일이지만, 반면에 공부를 하려고 해도 안되는 자식이 있다는 것을 인정하는 게 믿음입니다. 저는 모범생으로 자랐는데 제 아들은 잠병에 걸려서 목사 아들인데도 예배 시간에 늘 잠을 잤습니다. 하지만 하나님의 때에 아들도 사용하셔서 주님의 사명을 감당하게 해 주셨습니다. 우리의 연약한 가족을 기다려 주고, 있는 모습 그대로 받아 주어야 합니다. 내 욕심대로 자녀를 판단하고 끌고 가서는 안 됩니다.

자식이 속을 썩이고 내 마음대로 안 되니 비로소 나를 향한 하나님 아버지의 마음을 깨닫게 된 집사님의 간증입니다. 이 집사님에게 하나뿐인 딸은 유아기 때부터 주변 사람들로부터 똑똑하다는 칭찬을 넘치게 받았고, 집사님은 아이 스스로 하게 내버려 두기보다는 전력을 다해 자기 방식으로 영어, 수학, 악기 교육에 매진했습니다. 집사님 자신이 피아노를 전공했기에, 딸아이의 피아노 레슨 선생님도 못 미더워 다시 연습을 시키고, 자신이 모르는 바이올린 레슨 때는 동영상까지 찍어 가며 맹연습을 시켰습니다. 여행을 갈 때도 학습지를 바리바리 챙겨서 갈 정도로 공부와 예체능 모두를 틀어쥐고 공부를 시켰습니다.

그러나 딸은 목표로 했던 국제중학교 진학에 실패했고, 일반 중학교에 진학하자마자 호랑이 새끼로 돌변했습니다. 공부는 뒷전이고, 인터넷 채팅과 휴대폰 중독으로 친구들과 어울리며 집사님에게 맹렬하게 반항했습니다. 그러면서 왕따 사건이 생겼고, 마음에 상처를 받아 전학을 원하는 아이를 교육 중심의 강남 한복판으로 전학시켰습니다. 아이의 감정은 생각하지도 않고 순전히 집사님 자신의 야망만을 위해서 밀어붙인 것입니다.

집사님의 노력과 의지에 떠밀리다시피 진학한 명문 여고에서도 아이는 적응하지 못했고, 전학과 결석을 반복하며 엄마인 집사님에게 분노의 막말과 욕설을 퍼부어 댔습니다. 인생의 우상이자 최고의 목표였던 딸이 이렇게 탈선한 기차처럼 폭주하자, 집사님은 수없이 자살을 생각했습니다. 아무리 상담을 받고 약을 먹어도 효과가 없었습니다. 매일같이 울고불고하다가 지인의 소개로 우리들교회에 왔습니다.

집사님은 우리들교회에서 처음으로 드린 예배에서 변해야 할 사람은 딸이 아니라 자기 자신임을 깨달았습니다. 자신이 너무 악하고 교만해서 죽어도 하나님을 찾지 않았을 사람인데, 그런 자신을 불쌍히 여기셔서 딸이 힘들게 아파하며 수고하고 있다는 생각에 눈물이 멈추지 않았다고 합니다. 딸에게 너무

미안해서 마음이 아팠습니다.

한때 장래를 촉망 받던 딸아이 문제로 체면과 자존심을 상하기 싫어서 억지로 아이의 목을 틀어쥐고 망하는 길로 달려왔던 자기 자신이 보였습니다. 아직도 세상 욕심 때문에 두려운 게 많은 집사님을 불쌍하게 여기시며 "그렇게 나를 못 믿겠니?"라고 물으시는 하나님의 말씀이 들렸다고 합니다. 그간 남편을 불만 세력으로 매도하며 무시했는데, 교회에 나가면 당신이 좀 편안해지냐면서 매주 빠지지 않고 함께 교회에 나와 주는 남편에게 처음으로 고마운 마음이 들었습니다.

이 집사님은 답답하고 숨이 쉬어지지 않는 상황에서 아이를 있는 그대로 인정하기로 다짐했습니다. 그리고 아이의 뒷바라지와 자기 자신의 야망을 위해 일하던 학원을 그만두고, 교회의 모든 예배를 사수하며 말씀이 들리는 자리에 머물기로 선택했습니다. 자신이 먼저 균형 잡힌 삶으로 본을 보여서 아이가 언젠가는 고등부 예배에 나왔으면 좋겠다고 눈물을 흘렸습니다.

내 마음 들여다보기

Q. 나는 돌탕입니까, 집탕입니까?

Q. 착한 아이 콤플렉스가 있습니까? 아니면 진짜 착한 사람입니까?

Q. 나는 나의 자녀를 있는 그대로 받아들이고 있습니까? 자녀의 모습이 어떻든지, 구원이 최고라고 삶으로 말해 주고 있습니까?

3장

아버지
품으로

◆

하염없이 기다리시는

하나님 아버지

_____

_____

The Prodigal Sons

31 아버지가 이르되 얘 너는 항상 나와 함께 있으니 내
것이 다 네 것이로되

32 이 네 동생은 죽었다가 살아났으며 내가 잃었다가
얻었기로 우리가 즐거워하고 기뻐하는 것이 마땅하
다 하니라

앞서 돌아온 탕자에게는 분노했다는 이야기가
없습니다. 그런데 집에 있는 똑똑한 맏아들에게는 분
노가 있었습니다. 맏아들은 자신이 회개해야 할 사람
임을 전혀 몰랐습니다. 자신에겐 잘못이 없다고 생각
하니 방탕하고 무책임한 동생이 도무지 용서되지 않
았겠지요. 내가 용서를 받아 본 일이 없으니 용서해
줄 일도 없었습니다. 이게 더 나쁜 겁니다.

방탕한 둘째 아들을 맞이한 아버지는 상한 감
정과 불만으로 뒤틀린 맏아들도 찾아갑니다. 분이 나

서 거칠어진 맏아들에게 아버지는 "얘" 하고 부드럽게 부릅니다.

"이 아들, 저 아들이 아니고 네 동생이다. 그리고 너는 항상 나와 함께 있으니 내 것이 다 네 것 아니니? 아버지의 소유가 다 자식을 위한 것인데, 나는 그보다는 함께 있는 아들인 너를 원한단다."

아버지의 마음은 바로 여기에 있습니다. 아버지가 맏아들에게 가장 원한 것은 품꾼도 많은데 나가서 일하는 것이 아니라, 동생을 찾아오는 것이었습니다. 가족을 등지고 패륜을 저지른 동생이기에 차마 찾아오라고 말은 못했지만, 아버지는 날마다 동생을 기다리는데 맏아들은 그 일을 함께하지 않았습니다.

제가 목회를 하면서 가장 기쁠 때는 성도들이 서로 사랑하는 모습을 볼 때입니다. 잃은 양 한 사람을 찾아온 이야기를 들을 때가 가장 기쁩니다. 밭에 나가 늦게까지 일하는 것보다 동생을 찾아오는 것이 아버지로선 훨씬 기쁜 일입니다. 아버지가 "왜 너는 나가서 일만 하냐?"고 물었다면 맏아들은 아마 "밥은 누가 먹여 줘요? 가만히 하늘만 쳐다보고 있으면 돈이 나와요?" 이런 식으로 대답했을 겁니다.

그런데 맏아들이 모르는 비밀이 있습니다. 자기 동생은 풍악과 춤추는 소리로 가득 찬 아버지의 집 안에 들어가 있지만, 자기는 아직도 집 밖에 서 있다는 사실입니다. 그가 미처 깨닫지 못한 것은 우리가 죄를 지어서 죄인이 아니라 애초에 죄를 짓는 존재 자체라는 사실입니다.

맏아들의 머리와 가슴에는 아버지에 대한 오해, 그 결과로 인한 자신에 대한 오해, 또 그 결과로 인한 동생에 대한 오해가 가득 채워져 있습니다. 그는 아버지를 상관으로 생각했습니다. 그렇기에 맏아들은 아버지의 판단에 동의할 수 없었고, 아버지의 감정을 공감할 수 없었습니다. 맏아들의 오해는 근본적으로 은혜에 무지했기 때문입니다.

　　이 잃어버린 아들을 되찾는 비유에서 나타난 죄인을 다루시는 하나님의 모습과 대조되는 불교에서 죄인을 다루는 방법을 예화로 말씀드리겠습니다. 우리는 '탕자'라고 하는데, 불교에서는 '방자'라고 합니다.

　　한 방자가 집을 떠나 오랜 세월 허랑방탕하다가 완전한 거지꼴이 되어서 고향으로 돌아왔습니다. 너무나 처절한 고생의 연속이었기 때문에 아들은 심지어 아버지의 모습도 분간할 수 없었습니다. 그런데 아버지는 아들을 한눈에 알아보았습니다. 종들을 시켜서 저택으로 데리고 와서 깨끗하게 목욕을 시켰습니다. 그러나 아버지는 자신이 아버지임을 밝히지 않고 아들의 반응을 주의 깊게 살펴보았습니다.

　　아들은 점점 책임감 있고, 사려 깊고, 도덕적인

사람으로 변해 갔습니다. 아들의 변화에 만족한 아버지는 드디어 "내가 네 아버지다" 하고 밝히고는 공식적으로 자기의 친아들로, 상속자로 받아들였습니다.

이 이야기가 탕자의 비유와 비교되는 이유를 아시겠습니까? 여기서는 '은혜'라는 개념을 찾을 수가 없습니다. 행위로 인한 구원에 관한 대표적인 가르침이라 할 수 있습니다. 아마 맏아들이라면 이 비유를 좋아했을 것입니다.

기독교의 은혜는 받을 자격이 없는 자에게 하나님이 그리스도 안에서 거저 주시는 선물입니다. 그리고 우리의 아버지이신 하나님은 바로 이런 은혜의 하나님이십니다. 아버지의 은혜를 이해하지 못한 맏아들은 지금도 문밖에서 서성이는 탕자 노릇을 하고 있습니다. 아버지 집에서 같이 살면서도, 아버지의 은혜를 모르고 있으니 집에 있는 탕자, 집탕입니다.

아버지는 이러한 집탕도 당신의 넓고 푸근한 가슴속으로 돌아오기를 기다리고 계십니다. 성경에서는 맏아들의 이후 이야기가 나오지 않습니다. 참 애통하고 안타깝습니다.

무조건 받아 주시는 하나님

_____ 하나님은 잃어버린 아들딸 때문에 지금도 고통 받고 계십니다. 십자가의 고통도, 하나님의 사랑도 끝나지 않았습니다. 하나님은 지금도 우리를 사랑하시고, 그 사랑 때문에 아파하십니다. 그리고 하염없이 기다리십니다. 이것이 아버지 하나님의 마음입니다.

이런 이야기를 들은 적이 있습니다. 어떤 아들이 돈을 너무 좋아하고 쉽게 써 버리니까 아버지가 절대로 저 아들에게 돈을 주면 안 되겠다고 생각했습니다. 그런데 돈을 다 탕진하고 마음이 급해진 아들이 아버지에게 전보를 쳤습니다.

"당신의 아들이 굶음."

그랬더니 아버지가 이렇게 답장을 보냈습니다.

"굶어 죽어라. 애비."

그때부터 아들이 이를 악물고 돈을 벌었습니다. 그리고 20여 년 동안 아버지에 대한 상처로 연을 끊고 지내다가 마침내 성공해서 아버지를 뵈러 고향에 갔습니다. 그런데 아버지가 1년 전에 돌아가셨다는 것입니다. 아버지는 아들에게 편지를 남겼습니다. 편지에는 이렇게 쓰여 있었습니다.

"아들아, 내가 하루도 너를 생각하지 않은 때가 없다. 네가 정신 차리고 잘 살기를 바라서 그런 답장을 보낸 것이다. 그런데 네가 찾아오지 않는 것을 보니, 잘 살고 있는 것 같아서 도리어 다행이다. 하루도 너를 위해 눈물 흘리지 않은 적이 없단다."

이것이 아버지의 마음입니다. 스스로 가난하기를 청하는 자 외에는 모두 가난을 수치로 여깁니다.

가난이 수치이고, 부자가 되는 것을 영광으로만 여기니 큐티를 하면서도 "되는 일이 없어!"가 우리의 주제가입니다. 내가 예수님을 믿기 때문에 없이 살면서도 기뻐하고 감사할 수 있어야 하는데, 그렇지 않고 수치로 여기는 것이 우리 믿음의 한계입니다.

가난한 것이 수치스럽고, 그것 때문에 주눅이 든다면 그것이 징벌입니다. 우리 믿음의 연약한 수준에 대해서 하나님이 책임을 물으시는 것입니다. 이런 사람이 고향에 남아 있었다면 아버지에게 금세 손을 벌렸을 것이기에, 먼 나라에 가서 아예 전부를 허비한 것이 오히려 잘된 일입니다. 그래서 하나님은 스스로 돌이킬 때까지 기다리시는 것입니다.

예수님은 하나님과 죄인들의 관계에 대한 가장 중요한 원리를 돌아온 탕자 비유를 통해 제시하셨습니다. 돌아온 탕자 비유의 궁극적인 주제는 탕자가 아니라 '우리를 찾으시는 하나님'이며, 인간의 불성실함이 아니라 '하나님의 신실하심'입니다.

하나님은 우리가 아직 죄인일 때, 회개하기 전에 이미 죄인을 사랑하셨습니다. 바로 이와 같은 하나님의 사랑이 죄인들의 구원을 가능하게 한 것입니다. 회개했기 때문에 받아들인 것이 아니라 무조건 받아들이셨습니다. 하나님이 우리를 찾고 계시고, 하나님 그분이 신실하시기에, 우리는 돌탕이든 집탕이든 상관없이 집으로 돌아갈 수 있습니다.

한 집사님의 간증입니다. 시댁에 문제가 생기면 우유부단한 남편 때문에 힘들어하시던 친정엄마는 늘 이 집사님에게 "여자는 시집을 잘 가야 한다"고 강조하셨답니다. 집사님은 그런 엄마의 말을 귀에 못이 박히게 들으며 자랐고, 대학 졸업 후 낮에는 천사 같은 얼굴로 어린이집 교사와 사회복지사로 일하고, 밤에는 짙은 화장을 하고 밤 문화를 즐겼습니다. 엄마의 바람대로 "시집 잘 간다"는 소리를 들으며 조건 좋은 남편을 소개 받아서 빛의 속도로 결혼을 진행하게 되었습니다.

그런데 결혼식을 얼마 남겨 두지 않고 서서히 남편의 거짓말이 드러났습니다. 학벌, 경제력, 가족 관계 등 남편의 비밀스러운 점은 한두 가지가 아니었고, 오직 진실은 이름과 나이뿐이었다고 합니다. 그러나 친정 부모님과 형제들에게는 "남편 될 사람의 환경이 거짓말인 것 같아 결혼을 무르겠다"는 말을 할 수 없었답니다. 그저 '나만 눈 감고 살면 되겠지'라는 마음으로 결혼을 했습니다.

돈을 사랑하고 자기를 사랑하는 것이 모든 고통의 시발점인데(딤후 3:1-2), 남편을 사랑해서 한 것이 아니라 돈을 사랑해서 강행한 결혼이었습니다. 이 집사님은 사기결혼을 당했다는 생각에 작은 일에도 늘 분노가 치밀어 올랐고, 남편을 무시하기 일쑤였습니다.

결혼하고 아이는 쉽게 생기지 않았고, 힘들게 아이가 생겨도 유산하는 등 마음고생을 심하게 하다가, 결혼 5년 만에 아들을 얻게 되었습니다. 감사한 마음으로 교회에 다니며 아이를 양육하겠다고 하나님 앞에 약속했지만, 얼마 지나지 않아 이 아이를 세상에서 으뜸으로 키우고 싶다는 생각과, 좋아하는 세상 모임에 나갈 생각에 들떠 교회를 등지고 말았다고 합니다. 겉으로는 유쾌하고 즐겁게 사는 것 같았지만, 남편을 향한 지독한 증오로 매번 싸움을 벌였고, 아이를 불안하게 만들었다고 고백했습니다.

　　집사님에게 남편은 자신이 그리던 그림을 다 망쳐 버린 천하의 몹쓸 인간이었고, 그 남편을 원망하며 사는 매일은 마치 끝이 보이지 않는 지옥의 안개 속을 걷는 것 같았다고 합니다. 그러던 중 집사님은 지인의 소개로 우리들교회를 오게 되었습니다. 그리고 말씀을 통해 그간 자신이 피해자라고만 생각했는데, 결혼 생활 10년 동안 남편을 말과 마음과 행동으로 끊임없이 죽여 왔고, 아이에게도 고통을 준 자신의 모습을 보게 되었습니다.

이 집사님은 남편이 자신을 속인 것이 아니라, 자기 정욕과 욕심에 스스로 속았다는 것을 깨달았습니다. 남편을 교묘하게 유도하며 자기가 듣고 싶은 거짓말을 하게 만들었던 지난날도 회개했습니다. 거짓말했던 돌탕 남편을 원망하고 증오했던 집탕 자신을 본 것입니다. 이것이 스스로 돌이킨 사람의 참된 반응입니다. 돌아온 탕자든 집안의 탕자든 내가 주려 죽을 수밖에 없는 죄인이라는 것이 인정될 때, 비로소 우리에게 변화가 일어납니다.

히 4:12-13

12 하나님의 말씀은 살아 있고 활력이 있어 좌우에 날 선 어떤 검보다도 예리하여 혼과 영과 및 관절과 골

수를 찔러 쪼개기까지 하며 또 마음의 생각과 뜻을
판단하나니

13 지으신 것이 하나도 그 앞에 나타나지 않음이 없고
우리의 결산을 받으실 이의 눈앞에 만물이 벌거벗은
것같이 드러나느니라

그런데 말씀대로 살려고 하면, 가끔 내가 손해
를 보는 것 같고 잘못 가는 것 아닌가 싶을 때가 있습
니다. 우리가 연약해서 하나님께 "주님, 제게 어떻게
이런 일을 허락하실 수가 있어요? 어떻게 제가 이런
일을 겪을 수가 있어요?"라고 따져 물을 때가 있습니
다. 이런 때도 사탄 마귀는 우리가 하나님을 신뢰하
며 그분 앞에 나아가는 것을 가장 두려워합니다.

못마땅하여 중얼거려도 말씀의 자리에 서고,
예배를 사모하고, 공동체에 속해 있으면 사탄이 한길
로 왔다가 일곱 길로 도망갈 것입니다. 그러나 교양

있게 손사래를 치면서 "아유, 난 됐어요, 뭘 그렇게 유난스럽게 예수 믿고 그래요?" 하고 있다면 사탄의 밥 신세를 면하지 못할 것입니다. 지금은 투덜대며 욕하더라도 말씀이 들리는 구조 안에 있다면, 언젠가 말씀의 검으로 두려움을 이기게 될 것입니다.

내 마음 들여다보기

Q. 나를 찾고 계시는 신실하신 하나님이 믿어집니까?

Q. 내가 아직 죄인일 때 이미 나를 사랑하신 하나님의 사랑을 받아들일 수 있습니까?

Q. 내 안에 돌아온 탕자와 집 안의 탕자, 두 모습이 있음을 인정하고 매일 말씀의 검으로 나를 돌아보고 있습니까?

◆

사로잡혀야

돌아올 수 있습니다

———————

———————

The Prodigal Sons

정말 안타까운 것은 잃어버린 한 영혼, 한 드라크마, 돌아온 탕자보다 그곳에 있는 99명의 영혼, 아홉 드라크마, 집에 있는 탕자입니다. 그들이 바로 유대인이고, 바리새인이고, 서기관들입니다. 이들은 잘나서 도무지 말씀이 들리지 않는 사람들입니다.

저는 집에 있는 탕자가 훨씬 더 힘든 죄인이라고 이야기하고 싶습니다. 만약 맏아들도 허랑방탕한 삶과 돼지우리를 거쳤다면, 회개의 눈물을 경험하지 않았을까 하는 안타까운 생각마저 듭니다. 제 삶을 돌아봐도, 모범생이었지만 힘든 결혼생활을 겪고서야 비로소 회개의 눈물을 경험하게 되었기 때문입니다.

하나님은 이 땅에 아버지 품을 떠나 방황하는 자녀를 구원하시기 위해 인생의 태풍과 지진에 사로잡히게 하십니다. 저는 가난한 집의 넷째 딸로 태어나 가난한 고학생인 저 자신을 채찍질하면서 시간에 사로잡히고 인정중독에 사로잡혀서 드디어 일류대학을 가고, 그 학벌로 바벨론의 그발강가 같은 시댁에 입성했습니다. 이스라엘 백성이 포로로 끌려간 강대국 바벨론의 그발강가는 모든 것이 너무 풍요로우면서도 또 고난이 극심한 곳입니다. 저는 결혼하면 고생 끝 행복 시작인 줄 알았는데 문자 그대로 그발강가에 사로잡혀서 문밖 출입도 못하고 걸레질하며 노예처럼 살았습니다.

착하고 성실하고 모든 일에 최선을 다하며 인간 승리의 삶을 살던 저에게 하나님은 결혼이라는 딱 맞는 용광로를 허락하셨습니다. 완고한 남편과 혹독한 시집살이는 내가 돈을 바라보고 결혼을 했으며 그만큼 야망으로 똘똘 뭉친 사람이란 걸 처절히 깨닫게 해 주었습니다.

부자이나 무학자이신 시어머니와 도우미 아주머니들의 무시를 받으며 새벽 4시부터 청소와 빨래만 했습니다. 피아노를 치는 사람은 손이 생명인데, 걸

레 하나 제대로 못 빤다고, 할 줄 아는 게 하나도 없다고 늘 바보 소리만 들으니 정말 제가 바보가 되는 것 같았습니다. 돈 많고 나를 아껴 줄 것 같아 택한 남편은 요구르트 값까지도 자신이 계산하며 돈 한 푼 주지 않고 무섭게 시댁 편만 들었습니다.

도무지 왜 이 지경까지 온 것인지 해석이 되지 않았습니다. 평생 교회를 다녔어도 무엇을 회개해야 하는지 모른 채, 분노와 자기 연민으로 결혼생활 5년이 흘러갔습니다. 그러던 제가 에스겔서 큐티를 하면서 제 인생을 해석하게 되었습니다.

겔 1:1-2 ——————————————

1 서른째 해 넷째 달 초닷새에 내가 그발강 가 사로잡힌 자 중에 있을 때에 하늘이 열리며 하나님의 모습이 내게 보이니

2 여호야긴왕이 사로잡힌 지 오 년 그 달 초닷새라

에스겔이 포로로 끌려와 강대국 바벨론의 그발 강가에 있었던 것처럼, 저 역시 사로잡힌 포로생활이 었습니다. 그러나 에스겔에서 여호야긴왕이 사로잡 혔듯 나의 모든 잘난 것이 무너지고 포로처럼 완벽하 게 사로잡혔기 때문에, 저에게 하늘이 열렸고 하나님 의 말씀이 들렸습니다.

사로잡히는 사건이 있어야 말씀을 사모하게 되 고 그때, 하늘 문이 열린다는 것을 보여 주는 한 집사 님의 이야기를 소개합니다. 집사님은 어려서부터 너 무나 힘든 삶을 살았습니다. 아버지의 잦은 폭행으로 큰오빠는 초등학교 때 집을 나갔고 어머니는 자살하 셨습니다. 집사님은 친할머니댁으로 보내져 매일 매 를 맞으며 여섯 살 때부터 밥을 짓고 얼음물에 이불 빨래를 했다고 합니다. 학교에서는 왕따를 당하고 선 생님에게도 미움을 받았습니다. 의지할 데가 없던 집사님은 먹을 것을 준다는 교회에 나가게 되었고, 집에 들어가기 무서운 날에는 별을 보면서 하나님께 울면서 기도했습니다.

　늘 사랑에 목말랐던 집사님은 자신에게 잘해 줄 것 같은 남자를 만나서 결혼했지만, 남편은 도박에 빠져 가정을 돌보지 않았습니다. 고생 끝에 낳은 큰아들은 장애 진단을 받았고, 남편의 학대는 점점 더 심해졌습니다. 그래도 집사님은 자살한 엄마처럼은 되지 않겠다며 두 아이를 데리고 쉼터로 도망했고, 이혼을 했습니다. 찾으면 죽여 버리겠다던 남편이 다른 여자와 살고 있다는 소식을 듣고서야 안도의 한숨을 쉬었고, 두 아들을 돌보며 살다가 지금의 남편을 만나 재혼하게 되었습니다. 전남편 소생의 아이들을 데리고 재혼해 사는 결혼생활이 쉽지는 않지만, 남편을 머리로 섬기고 순종하니 남편도 함께 예배에 나오고 있다고 합니다.

세상 사람들이 이 집사님의 이야기를 들으면 너무나 박복한 인생이라고 하겠지요. 그러나 이 집사님이 어려서부터 당한 고난이 많았기에 하나님께 부르짖었을 것입니다. 힘든 부모를 만나 사로잡히고, 힘든 학창생활에 사로잡히고, 또 힘든 남편에게 사로잡히면서 이 집사님 마음이 얼마나 겸손해지고 말씀을 사모하게 되었겠습니까? 이 집사님은 자신의 환경이 편해지면 금방 세상으로 나아갈 것을 알기에 지금의 환경이 자신에게 가장 꼭 맞는 것이라고 감사하고 있습니다. 이 간증의 마지막에서 집사님은 앞으로 양육을 잘 받아서 자신의 고난을 약재료로 삼아 자기와 같은 힘든 지체들을 보듬고 섬기는 공동체 리더가 되고 싶다고 고백했습니다. 저는 이 집사님의 아름다운 소원에 하나님이 분명히 응답하시리라고 믿습니다.

마찬가지로 아버지의 품으로 돌아오려면 우리에게도 사로잡히는 사건이 있어야 합니다. 한 번만 사로잡혀서는 안 됩니다. 천국 가는 그날까지 계속해서 사로잡히는 일이 있어서 저도 여기까지 왔습니다. 내가 사로잡힌 사실을 인정해야만 합니다. '나에게 왜 이런 일이 왔나?'가 아니라 '내 삶의 결론이다' 하고 나의 전 존재로 인정할 수 있어야 합니다. 그것은 성령님이 도우시는 회개의 역사입니다. 우리 각자의 사로잡힌 사건에서 말씀이 임하여 하늘이 열리고 주님께로 돌아갈 수 있기를 간절히 기도합니다.

내 마음 들여다보기

Q. 지금 나는 무엇에 사로잡혀 있습니까? 학벌, 돈, 배우자, 자녀, 질병입니까? 도박, 마약, 이성입니까?

Q. 나를 사로잡고 있는 것들 중 내가 마지막까지 놓지 못하는 것은 무엇입니까?

Q. 그 사로잡힌 환경이 바로 하나님 아버지 품으로 돌아가게 하는 최고의 환경임을 믿습니까?

중심 잡는 그 한 사람이

필요합니다

———————

———————

The Prodigal Sons

사로잡힌 환경에서 나에게 말씀이 임하면, 집 탕 맏아들 같은 무정한 마음이 변화되어 내 가족들도 이렇게 좋으신 하나님을 만나기를 원하는 소망이 자라납니다. 그런데 우리가 모든 가족을 아버지 품으로 인도하려면 어떻게 해야 할까요? 중심 잡는 한 사람이 필요합니다. 창세기 46장에는 야곱과 그의 열두 아들이 이룬 가족 70명이 애굽 땅으로 들어가는 장면이 나옵니다.

창 46:27-28

27 애굽에서 요셉이 낳은 아들은 두 명이니 야곱의 집 사람으로 애굽에 이른 자가 모두 칠십 명이었더라

28 야곱이 유다를 요셉에게 미리 보내어 자기를 고센으로 인도하게 하고 다 고센 땅에 이르니

성경을 잘 모르는 분들도 야곱의 열두 아들 중

에서 요셉의 이름 정도는 아실 것입니다. 아버지의 총애를 한몸에 받은 탓에 형들의 질투를 받아 애굽에 노예로 팔려갔다가 그 나라의 총리가 된 입지전적인 인물입니다. 이 요셉은 하나님의 섭리 가운데 애굽으로 먼저 가 총리가 되어 기근 가운데 있던 야곱 식구들의 생계와 보존을 책임졌습니다. 그러나 야곱의 식구를 믿음의 땅 고센으로 인도한 사람은 요셉이 아닌 바로 넷째 유다입니다.

그러면 이 유다는 어떤 사람입니까? 유다는 아버지의 사랑을 독차지하던 동생 요셉을 팔아먹고 나서 이방 여인과 결혼해 아들 셋을 낳았습니다. 그런데 두 아들이 하나님 앞에 악을 행해서 차례로 죽습니다. 유다의 아내도 죽자 유다는 길거리의 창녀와 동침을 했고, 그 여자가 임신을 합니다. 그런데 그녀가 유다의 며느리 다말이라는 사실이 밝혀집니다.

당시의 형사취수제(형이 후사가 없이 죽으면 그 동생

에게 형의 아내를 주는 관습)에 따르면 유다는 자신의 막내아들 셀라를 며느리에게 주어 가족의 대를 이어 가게 해야 했습니다. 그러나 막내아들마저 죽을까 염려되어 유다는 며느리 다말을 외면했습니다. 유다의 처분을 기다리던 다말은 가문의 대를 이을 후사를 얻고자 창녀로 분장해 유다와 동침했고, 임신 사실이 밝혀져 죽임을 당하기 직전에 유다가 동침할 때 주었던 물건을 증표로 내밀며 자신의 결백을 증명했습니다.

그러자 유다는 그녀가 내민 물건을 보고 "그는 나보다 옳도다 내가 그를 내 아들 셀라에게 주지 아니하였음이로다(창 38:26)"라고 고백하며 며느리에게 아들을 주지 않았던 자신의 죄를 회개했습니다. 그렇게 며느리와 시아버지 사이에서 태어난 아이인 베레스는 세상의 관점에서 보면 가장 추잡한 태생이라고 할 수 있을 겁니다. 그런데 이 베레스가 예수님의 직계 조상이 되었습니다.

가부장적인 시대에 며느리의 무언의 항변 앞에서 "그는 나보다 옳도다"라고 겸손히 인정하고 회개한 유다는 비로소 모든 사람의 중재자가 되어 야곱의 온 가족을 고센 땅으로 인도했습니다. 강대국 애굽의 총리 요셉이 아닌, 죄로 얼룩진 유다가 차별과 피해의식으로 얼룩진 모든 형제의 마음을 아우르고 믿음의 땅으로 이끈 것입니다.

창 46:29 ────────────────────

요셉이 그의 수레를 갖추고 고센으로 올라가서 그의 아버지 이스라엘을 맞으며 그에게 보이고 그의 목을 어긋맞춰 안고 얼마 동안 울매

유다 한 사람이 있었기에 요셉은 아버지 품으로 돌아와 함께 눈물을 흘릴 수 있었습니다. 유다 자신도 서자처럼 차별을 받았지만 아버지 야곱을 위해,

그리고 배다른 형제 베냐민을 위해서 자신의 목숨을 담보물로 바치는 생생한 모습 덕분에 드디어 모두가 눈물을 흘리는 회개의 역사가 일어나게 되었습니다 (창 44장). 회개한 그 누군가가 나를 위해 기도했기 때문에 서로 얼싸안고 죽어도 원이 없다는 고백을 할 수 있게 되었던 것입니다. 그것이 중심 잡는 한 사람의 모습입니다.

이렇게 유다가 구속사의 한 획을 그었고, 우리의 영원한 중보자이신 예수님이 유다의 계보를 통해서 이 땅에 오셨습니다. 그래서 콩가루같이 부서지고 가망이 없어 보이는 우리의 가정에도 중심 잡는 한 사람이 있으면 소망이 있습니다. 회개하는 그 한 사람을 통해 다 아버지 품으로 돌아오게 될 것입니다.

한 남자 집사님에게 여자 속옷을 모으는 성도착증이 있었습니다. 이 사건으로 직장에서 경찰에 연

행되는 수모를 겪었고, 감옥에서 8개월을 살았습니다. 그동안 아내 집사님이 제 책과《큐티인》을 수없이 가져다주며 옥바라지를 했습니다. 그렇게 섬겼으니 감옥에서 나온 남편이 완전히 달라질 거라고 기대했지만, 남편은 나오자마자 할리데이비슨 오토바이를 타고 이곳저곳을 떠돌며 아내 마음을 힘들게 했습니다.

그렇게 절대 바뀌지 않을 것 같던 남편이, 큰아들이 자기와 똑같은 짓을 하고 있는 모습을 보고 충격을 받았습니다. 결국 남편은 교회 등록을 결심했고, 소그룹 예배에 참석해 자신의 이야기를 모두 고백했습니다. 그러자 먼저 교회에서 말씀을 들었던 아내 집사님도 그 배턴을 이어받아 이 일이 일어난 것은 자신이 처녀 시절에 음란하게 살면서 불신 교제를 하고, 낙태를 한 자기 삶의 결론이며, 이제는 남편을 가정의 머리로 세우겠다는 믿음의 고백을 했습니다. 두 분의 고백으로 인해 목장 모임에 말로 설명할 수 없는 감격과 은혜가 임했습니다.

　　　자신의 죄를 보고 회개하며 중심을 잡는 한 사람, 아내 때문에 남편이 교회에 오고 성적으로 방황하던 큰아들도 교회로 오게 되었습니다. 이 가정은 교회에서 아주 먼 거리에 살고 있지만, 사모하는 마음으로 와서 매주 눈물로 예배를 드렸습니다. 그러면서 가정 중수의 놀라운 역사를 체험했고, 온 가족이다 아버지 품으로 돌아오게 되었습니다.

예수님을 붙잡으십시오

　　　이처럼 중심 잡는 한 사람이 되기 위해 우리는 어떻게 해야 할까요? 변하지 않으시는 예수님을 붙잡아야 합니다. 요한계시록 19장은 어린양의 혼인 잔치에 청함 받은 자들의 특징에 대해서 말하고 있습니다. 하나님의 말씀을 듣고 늘 회개하는 사람은 어린

양의 신부로 잔치에 청함을 받습니다. 그리고 우리의 신랑이신 어린양 예수님은 충신과 진실의 이름을 가지신 분입니다.

계 19:11

> 또 내가 하늘이 열린 것을 보니 보라 백마와 그것을 탄 자가 있으니 그 이름은 충신과 진실이라 그가 공의로 심판하며 싸우더라

충신은 충성과 성실, 믿을 만한 것이라는 뜻이고 진실은 진리라는 뜻입니다. 진리는 곧 말씀입니다. 그러므로 충신은 말씀이 이루어지기까지 믿음의 자리를 지키는 태도입니다.

우리는 이 세상 죄라는 오물통에서 건짐을 받았습니다. 하지만 너무나 오랫동안 오물 속에서 살았기 때문에 내 몸에 오물이 묻었는데도 그것을 떼어

버리지 못합니다. 그러나 충신과 진실이신 예수 그리스도께서 여전히 오물의 오염을 즐기고 있는 나의 죄성과 싸우십니다. 그분은 반드시 승리하실 것인데, 나를 다루시기 위해 사람 막대기와 인생 채찍을 사용하십니다. 결국 나의 오물을 떼어 주기 위해서 바벨론이 수고하고, 온 세상이 수고하고, 남편과 자녀와 아이들이 다 수고하고 있습니다. 그것을 깨달을 때, 우리는 중심 잡는 한 사람으로 설 수 있게 됩니다.

우리의 관점이 달라져야 합니다. 우리 인생은 사명 때문에 와서 사명 때문에 가는 것입니다. "Redeeming the time, because the days are evil"은 에베소서 5장 16절을 영어로 번역한 것입니다(KJV). 우리말로는 "세월을 아끼라 때가 악하니라"입니다. 그런데 '세월을 아끼라'는 영어성경으로 보면 바쁘게 살라는 의미가 아닙니다. 'redeeming', 곧 '구속하다'는 단어를 사용하고 있습니다. 세월이 악하기 때문에 내가 구속의 관점으로 시간을 선용하지 않으면 다 악한 사탄의 시간이 된다는 의미입니다. 그래서 우리는 속히 하나님이 우리에게 주신 사명을 찾아야 합니다.

그러나 내가 구속의 시간을 살겠다고 해서 그렇게 살아지는 것이 아닙니다. 우리는 끝없이 변합니다. 내가 구원의 관점으로 남편을 바라보겠다고 다짐하고 은혜를 받았어도, 돈도 안 벌어 오고 속만 썩이는 남편을 보면 화가 치밀어 오릅니다. 무기력하게 늘어져 있고 반항과 원망을 일삼는 자녀를 보면 마음이 괴로워 견딜 수가 없습니다. 중심 잡는 한 사람이 되어 보겠다고 결단해도, 내 힘으로는 언제나 참을 수가 없고 불안합니다. 나는 끊임없이 변하기 때문입니다.

그런데 이 세상에 오직 변하지 않는 한 분이 계십니다. 바로 예수 그리스도입니다. 그분은 우리를 결코 배신하지 않으시고, 충신과 진실 그 자체이십니다. 형편없는 우리를 구원하기로 작정하시고, 오래 참고, 기다리십니다. 연약하고 정함이 없는 내가 구원의 사명을 감당하도록 이루어 내실 충신이며 진실하신 분입니다. 내가 중심 잡는 한 사람이 되려면, 그 예수님을 의지해야 합니다.

Q. 당신은 중심 잡는 한 사람입니까? 그것과 상관없는
   한 사람입니까?

Q. 나를 위해 수고하고 있는 사람은 누구일까요? 그들
   이 나의 변하지 않는 죄성 때문에 수고하고 있음을
   인정하나요?

Q. 말씀이 이루어지기까지 지켜야 할 나의 자리는 어디
   입니까?

◆

그래서,

살아나고

살려야 합니다

———————

———————

The Prodigal Sons

내가 하나님 아버지 품으로 돌아가고, 또 우리의 힘든 식구들을 하나님 아버지 품으로 돌이키는 것은 '해도 되고 안 해도 되는 일'이 아니라, 삶과 죽음의 문제이며 '살아나고 살려야 하는 일'입니다.

저의 구원을 위해 가장 수고한 사람은 지금은 천국에 있는 남편입니다. 산부인과 의사였던 남편은 법 없이도 살 사람이라고 할 만큼 환자에게도 성심을 다하고, 성실하고 의로우며 모든 것에 절제하는 사람이었습니다. 노년에는 무의촌에 가서 어려운 사람을 돌보면서 사는 것이 자신의 소망이라고 말하곤 했습니다.

그러나 예수 없는 의로움에는 언제나 한계가 있습니다. 술을 마시고 들어와 성경을 읽고 있는 저를 무섭게 노려보다가 성경책을 갈기갈기 찢어 버린 적도 있고, 장로 아들임에도 언제나 교회와 성경을 비판했습니다. 제가 만난 평강의 예수님을 모르고 일만 하는 남편을 보며 애통함이 생겼고, 저는 남편의 구원을 위해 저의 목숨을 내놓고 기도했습니다.

그러던 어느 날, 그토록 자기관리를 철저히 하던 남편이 하루아침에 쓰러져 중환자실에 누웠습니다. 급성 간암으로 가망이 없다는 선고 앞에, 남편의 완벽주의와 의로움이 철저히 무너지게 되었습니다. 남편은 45년 만에 죽음의 문턱 앞에서 목사님의 질문에 답해야 했습니다.

"오늘 천국 문 앞에 서신다면 어떻게 들어가시겠습니까?"

산소 호흡기를 달고 수혈을 하고 있던 남편은 십자가에 달린 예수님처럼, 두 팔을 벌리고 분명하게 말했습니다.

"예수 이름으로요."

그러고는 자신이 죄를 많이 지어서 교회에 나가질 못했다고, 산부인과 의사로 행한 숱한 낙태의 죄를 고백하며 회개했습니다. 회복시켜 주시면 감사하고, 회복시켜 주시지 않아도 할 말이 없는 인생이라고 고백하며, 45년 만에 영접기도를 하고 하늘나라로 떠났습니다.

그날의 큐티 본문 말씀이 바로 에스겔 24장이었습니다.

겔 24:15-16

15 여호와의 말씀이 또 내게 임하여 이르시되

16 인자야 내가 네 눈에 기뻐하는 것을 한 번 쳐서 빼앗으리니 너는 슬퍼하거나 울거나 눈물을 흘리거나 하지 말며

겔 24:24-27

24 이같이 에스겔이 너희에게 표징이 되리니 그가 행한 대로 너희가 다 행할지라 이 일이 이루어지면

내가 주 여호와인 줄을 너희가 알리라 하라 하셨느
니라

25 인자야 내가 그 힘과 그 즐거워하는 영광과 그 눈
이 기뻐하는 것과 그 마음이 간절하게 생각하는 자
녀를 데려가는 날

26 곧 그날에 도피한 자가 네게 나와서 네 귀에 그 일
을 들려주지 아니하겠느냐

27 그날에 네 입이 열려서 도피한 자에게 말하고 다시
는 잠잠하지 아니하리라 이같이 너는 그들에게 표
징이 되고 그들은 내가 여호와인 줄 알리라

그날 말씀에 에스겔 선지자의 아내를 데려가셨
다고 했는데(겔 24:18), 제게도 하나님이 제 눈에 기뻐
하는 남편을 갑자기 치셔서 빼앗아 가신 사건이 그대
로 생생히 일어났습니다. 그런데 저에게 하나님은 울
지 말라고 하셨습니다. 에스겔 선지자가 표징이 되어

온 유다에게 하나님의 말씀을 선포했던 것처럼, 저 역시 이 일로 슬퍼하는 대신에 표징의 삶을 살라고 명령하셨습니다. 제 입이 열려서 환난당하고 애통하고 빚져서 도피해 온 사람들에게 저의 있는 모습 그대로를 나누며 잠잠하지 말라고 하셨습니다.

그래서 남편의 소천 사건 앞에서 제가 말씀으로 살아난 간증을 하면서 여기까지 오게 되었고, 그로 인해서 다른 사람들이 하나님을 만나게 되는 역사가 일어났습니다. 돌탕이자 집탕이던 제가 하나님 아버지 품으로 돌아와 중심 잡는 한 사람이 되었더니, 하나님은 남편 역시 주님의 품에 안아 주셨고, 그 간증을 통해 지금 수많은 사람들을 하나님 품으로 돌아오게 하십니다.

붙잡고 있는 것을 버리십시오

_____ 앞서 말한 요한복음 20장의 부활하신 예수님

을 만난 마리아의 이야기를 이어 가겠습니다. 마리아가 고정관념에 갇혀 부활하신 예수님을 알아보지 못하자, 예수님은 마리아의 이름을 불러 주시며 천천히 설명해 주십니다.

요 20:16-18

16 예수께서 마리아야 하시거늘 마리아가 돌이켜 히브리 말로 랍오니 하니 (이는 선생님이라는 말이라)

17 예수께서 이르시되 나를 붙들지 말라 내가 아직 아버지께로 올라가지 아니하였노라 너는 내 형제들에게 가서 이르되 내가 내 아버지 곧 너희 아버지, 내 하나님 곧 너희 하나님께로 올라간다 하라 하시니

18 막달라 마리아가 가서 제자들에게 내가 주를 보았다 하고 또 주께서 자기에게 이렇게 말씀하셨다 이르니라

예수님의 부르심에 마리아가 돌이키자 이제 말씀이 들립니다. 그런데 주님이 뭐라고 하십니까? "날 붙들지 말라"고 하십니다. '계속해서 주님을 붙들고 늘어지는 행위'를 하지 말라고 하십니다. 예수님을 딱 알아보고, 그 순간부터 바짓가랑이를 붙잡고 싶은 것이 우리의 마음입니다. 우리가 힘들 때는 예수님께 돌이키다가도, 조금만 나아지는 것 같으면 옛날의 그 행복했던 시절로 돌아가고 싶습니다. 바람피우다 돌아온 남편이 교회 가지 말고 놀러 가자고 하면 교회 안 나오고 남편을 따라갑니다. "교회가 문제인가, 남편과 같이 다녀야지" 하며 남편을 붙잡으려고 최선을 다합니다.

예수님은 함께 있으려고 오신 것이 아니라 아버지께로 가려고 한다고 하십니다. 부활하신 주님을 만났으면, 예수님의 육신을 붙잡지 말고 이제는 완전히 새로운 부활의 가치관을 가지고 이타적으로 살라는 것입니다. 그동안 저는 시댁살이, 남편살이를 하면서 시간과 공간의 구속을 받고 살았는데, 예수님을 만나게 되니 그 모든 것에서 초월해 주님을 전하게 되었습니다. 제가 갖고 있던 예고 강사의 타이틀을 붙잡고 늘어지지 않게 되었습니다. 부활의 예수님을 전하는 그 사명이 가장 귀하기에 제가 가졌던 모든 것을 배설물로 여기고 버릴 수 있었습니다.

예수님이 아직 아버지께로 올라가시지 않은 것은 부활의 몸으로 하실 일이 있었기 때문입니다. 예수님께서 우리를 위해 죽어 주셨기에, 예수님의 '내 아버지'는 '우리 아버지'가 되셨고, 예수님의 '내 하나님'이 '우리 하나님'이 되셨습니다. 그리고 주님은 실패한 제자들을 '내 형제들'이라고 부르십니다. 이 땅에서 양육하실 때는 '얘들아' '작은 자야', 그리고 죽으시기 전에는 '친구들'이라고 부르셨는데, 부활의 몸으로 세상의 모든 것을 제압하신 지금, 너무나 여

유롭게 제자들을 형제로 불러 주시는 것입니다. 그래서 우리도 예수님처럼 하나님을 같은 아버지라 부를 수 있게 되었습니다.

마리아는 이제 "내가 주를 보았다" "주께서 이렇게 말씀하셨다"고 전합니다. 곧 "시체가 있어야 할 그 무덤에서 살아나신 주님을 보았다"고 전한 것입니다. 이것이 마리아가 찾은 사명입니다.

우리도 "시체가 있어야 할 무덤에서 살아나신 주님을 보았다"라고 간증해야 합니다. 우리가 처한 각자의 환경이, 시체가 있어야 할 죽음과 슬픔의 무덤이라 할지라도, 이제 그곳에서 모든 악의 권세를 이기고 살아나신 예수님을 보았다고 증거하는 삶을 살아야 합니다.

저는 남편의 장례식을 집에서 치렀습니다. 갑작스러운 소식에 놀라신 목사님들이 계속해서 예배를 드리러 집으로 오셨고, 저는 저희 집에 방문하신 모든 분들에게 에스겔 말씀으로 간증을 했습니다. 남편이 갈 때만 해도 제 인생은 너무나 미약하고 내놓을 것이 하나도 없었는데, 남편이 간 그날 마리아를 찾아오신 주님이 저에게도 찾아오셔서 그날의 사건을 해석해 주시고 말씀으로 양육해 주셨습니다.

남편이 하루 만에 죽은 것이 세상적으로는 얼마나 무서운 일입니까. 30대에 어떻게 이런 일이 일어날 수 있습니까. 남편 구원을 위해 제 목숨을 가져가시라고 했는데, 남편의 목숨을 가져가셨습니다. 말 그대로 저희 집이 슬픔과 고통의 무덤이 되었습니다. 저의 고정관념대로라면, 제가 그렇게 큐티 모임을 인도하고 남편을 위해 목숨을 내놓고 기도했다면 남편은 근사하게 믿게 되어 저를 멋있게 해 주어야 했습니다.

그런데 예수님은 저의 고정관념대로 하지 않으시고, 말씀으로 찾아오셔서 제 이름을 불러 주셨습니다. "그가 마음과 영을 새롭게 하고 구원을 받았으면 네 소원이 이루어진 것인데, 네가 이것 때문에 슬퍼서 죽으려 한다면 남편의 구원 때문에 생명을 내놓고 기도한 것은 가짜가 아니냐"고 제 마음에 밝히 대답해 주셨습니다.

그리고 하루아침에 아내를 잃은 에스겔 선지자가 표징의 선지자로 살았던 것처럼, 저 역시 슬퍼하지 말고 눈물을 흘리지 말며 사명대로 살라고 말씀해 주셨습니다. 그 감동과 은혜가 수십 년이 지난 지금도 생생해, 저는 지금 전 세계에 말씀을 전하는 사명을 감당하고 있습니다. 마리아처럼 내가 주를 보았다고, 주께서 내게 이렇게 말씀하셨다고, 천국 가는 그날까지 저는 외치고 갈 것입니다.

집으로 돌아오면 사명이 생깁니다

탕자였던 내가 회개하고 하나님께 돌아오면,

이제 우리에게는 사명이 생깁니다. 나와 같은 돌탕, 집탕들을 아버지의 집으로 돌아오게 하라고 주님은 우리에게 사명을 주십니다. 그 사명을 감당하고 있는 한 집사님의 나눔을 소개합니다.

집사님의 아들은 어려서부터 엄마와 눈을 마주치지 못하고 늘 산만했습니다. 혹시나 했지만 다섯 살 때 발달장애 3급 자폐 판정을 받았습니다. 자폐 아이들의 몰입적인 특성상 아이는 지하철 전 노선을 다 외우고 안내방송을 똑같이 따라 하는 습관이 있었습니다. 집사님은 아들이 언젠가는 완치될 것이라 생각하고 어떻게든 이겨 내려 했지만, 장애를 인정하지 않으려는 남편으로 인해 서로 비난하고 참소하며 힘든 시간을 보냈습니다. 집사님은 힘닿는 데까지 모든 기관을 따라다니며 아들을 고쳐 보려 했지만, 아들은 결국 장애로 인해 초등학교에서 쫓겨났고 이것이야말로 쥐엄 열매마저도 없어서 주리게 되는 것 같은 강력한 심판의 사건이 되었습니다.

그러나 그렇게 사로잡힌 환경이 되어서야, 집사님은 하나님 없이는 아무것도 할 수 없음을 고백하며 아들을 있는 그대로 받아들일 수 있게 해 달라고 부르짖게 되었습니다.

처음에는 여기에 데려가면 아들이 나을 것 같아 우리들교회에 나왔지만, 집사님은 말씀을 들으며 자신이 얼마나 고집스럽고 기복적인 사람인지를 깨달았다고 합니다. 복음 안에서 자신의 주제가 파악되니, 아무것도 아닌 자신을 아버지 품으로 불러 주신 하나님의 은혜에 감사해서 남편의 말에 순종하게 되었습니다. 복음을 거부하던 남편도 집사님이 회개하고 변화되자 교회로 인도되어 세례와 모든 양육을 받았고 지금은 교회의 든든한 리더가 되었습니다. 집사님의 아들은 지금 스물여섯 살로 직업훈련을 받고 복지관에서 바리스타로 일하고 있습니다.

집사님이 힘들게 큰아들을 돌보느라 작은아들에게 상대적으로 소홀했기에, 작은아들은 착한 아이 증후군으로 힘든 것을 표현하지 못하고 참기만 한 것이 상처가 되어 대인관계가 힘들었다고 합니다. 하지만 지금은 작은아들도 상담을 받고 약을 복용하며 조금씩 건강해지고 있습니다. 그리고 작은아들의 마음을 좀 더 읽어 주고자 청소년부의 다른 아이들을 섬기며 집사님의 지질함과 수치를 오픈했더니 청소년부 아이들이 마음의 문을 열고 다가와 주었습니다.

그간 집사님은 오직 내 자녀, 내 가족밖에 모르고, 다른 사람의 고난이 무슨 상관이냐며, 내가 이 세상에서 제일 힘들다고 부르짖던 사람이었습니다. 그런데 집사님이 아버지 품으로 돌아오고 중심 잡는 한 사람이 되니, 이제는 청소년부의 수많은 아픈 아이들을 체휼하며 그 아이들의 부모님들에게까지 약재료를 나누어 주는 풍성한 인생을 살게 되었습니다. 곧

나도 살고 남도 살리는 귀한 사명자로 쓰임 받게 된 것입니다.

우리가 돌탕이든 집탕이든 주를 멀리 떠나 있다면 이제 집으로 돌아오는 것밖에 길이 없습니다. 다 주님 앞으로 돌아오기를 바랍니다. 우리 가정에는 빚을 갚아야 하는 탕자도 있고, 돈밖에 관심이 없어서 아버지도 팔아먹을 집 안의 탕자 맏아들도 있습니다. 각각 탕자 같은 자녀, 맏아들 같은 자녀, 탕자 같은 배우자, 맏아들 같은 배우자, 부모, 형제 등 종류대로, 장르대로 있습니다. 그 모든 일에 객관화가 이루어지고, 구원에 초점을 둘 수 있기를 원합니다.

희생과 섬김의 고통을 느끼지 않고는 구원을 위한 사랑이 무엇인지를 알 수 없습니다. 진정으로 구원을 원하는 자만이 인간의 모든 가치관과 능력과 죽음까지도 넘어서는 사랑을 할 수 있습니다. 그것이 하나님 아버지의 마음입니다. 사람은 사랑을 할 수도, 만들 수도, 지을 수도 없습니다. 오직 하나님 아버지의 열망이 우리의 열망이 되어야 합니다.

아버지에 대한 오해와 그 결과로 인한 자신에 대한 오해, 또 그 결과로 인한 형제에 대한 오해를 다 내려놓고, 아버지와 나 자신을 바로 알아야 합니다. 특별히 모범생으로 일만 하면서 사랑에 사랑으로 응답하지 못하고 똑똑하고 성실하지만 구원의 기쁨이 없는 맏아들이라면 말씀이 뚫고 들어가게 해 달라고 기도해야 합니다.

나는 왜 하필 이런 집에 태어났는가, 왜 이런 집안에 시집을 왔는가, 장가를 왔는가, 내가 왜 이 집안에 아픈 사람들, 돈 없는 사람들, 싸우는 사람들을 감당해야 하는가, 왜 나에게 이런 암이 걸리게 하시는가 낙심하고 있습니까?

오늘 내 인생의 태풍과 지진 같은 사건으로 너

무 힘든 가운데 있다면, 이제는 주님께 나아오시기 바랍니다. 내 영혼이 너무나 지쳤다면, 언제나 팔 벌리고 기다리시는 하나님 아버지의 어깨에 기대십시오.

내가 가장 기뻐하는 것을 빼앗겼다면, 그 무너짐을 통해 나의 영을 세워 달라고, 그 일을 통해 사명을 찾고 나의 상처를 반짝반짝 닦아 보석처럼 빛나게 나누어 주는 인생을 살게 해 달라고 기도하는 저와 우리가 되기를 바랍니다.

돌아온 탕자, 집에 있는 탕자 누구라도, 하나님 품에 안겨 나도 살고, 남도 살리는 참으로 아름다운 인생이 되기를, 나의 온전한 개인 구원이 사회와 온 민족, 열방의 구원으로 이어지기를 바랍니다.

Q. 내가 하나님을 오해하고, 나 자신을 오해하고, 내 가
족을 오해하고 있는 부분은 무엇입니까?

Q. 죽음과 슬픔의 무덤 같은 환경 가운데 있다면 그 환
경에서 나를 기다리시는 주님을 만나고, 그분이 주시
는 사명을 감당하겠습니까?